소명자는 낙심하지 않는다

국제제자훈련원은 건강한 교회를 꿈꾸는 목회의 동반자로서 제자 삼는 사역을 중심으로
성경적 목회 모델을 제시함으로 세계 교회를 섬기는 전문 사역 기관입니다.

소명자는 낙심하지 않는다

초판 1쇄 발행 2003년 10월 25일
초판 7쇄 발행 2016년 5월 17일

지은이 옥한흠

펴낸이 박주성
펴낸곳 국제제자훈련원
등록번호 제2013-000170호(2013년 9월 25일)
주소 서울시 서초구 효령로68길 98(서초동)
전화 02)3489-4300 **팩스** 02)3489-4329
이메일 dmipress@sarang.org

저작권자 (C) 옥한흠, 2003, *Printed in Korea*.
이 책은 저작권법에 의해 보호를 받는 저작물이므로 저자와 출판사의 허락 없이
내용의 일부를 인용하거나 발췌하는 것을 금합니다.

ISBN 89-5731-017-7 03230

※ 책값은 뒤표지에 있습니다. 잘못된 책은 구입하신 곳에서 교환해드립니다

소명자는 낙심하지 않는다

옥한흠 지음

국제제자훈련원

차례

약한 데서 심히 큰 능력 ○●○ 7

교회 갱신은 새로운 팀 리더십을 기다린다 ○●○ 29

성령을 주시지 않겠느냐 ○●○ 63

영적 권위의 회복 ○●○ 91

'그러나'의 은혜 ○●○ 119

하나님만 바라라 ○●○ 141

소명을 받은 자는 낙심하지 않는다 ○●○ 165

표준을 낮게 잡으면 망한다 ○●○ 205

십자가로 가까이 ○●○ 233

스데반의 죽음 ○●○ 261

약한 데서 심히 큰 능력

교회갱신을 위한 목회자협의회 영성수련회(1996. 8. 26)

"여러 계시를 받은 것이 지극히 크므로 너무 자고하지 않게 하시려고 내 육체에 가시 곧 사단의 사자를 주셨으니 이는 나를 쳐서 너무 자고하지 않게 하려 하심이니라 이것이 내게서 떠나기 위하여 내가 세 번 주께 간구하였더니 내게 이르시기를 내 은혜가 네게 족하도다 이는 내 능력이 약한 데서 온전하여짐이라 하신지라 이러므로 도리어 크게 기뻐함으로 나의 여러 약한 것들에 대하여 자랑하리니 이는 그리스도의 능력으로 내게 머물게 하려 함이라 그러므로 내가 그리스도를 위하여 약한 것들과 능욕과 궁핍과 핍박과 곤란을 기뻐하노니 이는 내가 약할 그 때에 곧 강함이니라"(고후 12:7~10).

교회 갱신을 하자는 소리가 여기저기서 많이 나오는 시대는 불행한 시대입니다. 교회 안에는 그런 말이 없어야 합니다. 그래야 건강하다고 할 수 있습니다. 그런데 그렇지 못한 게 현실이어서 참으로 안타깝게 생각합니다. 완전하지 못한 제가 남을 향해 "고치자, 새로워지자"고 해야 하는 것이 얼마나 부담스럽고 불행한 일인지 모르겠습니다. 그런 면에서 제 마음에 아픔이 있습니다.

사실 우리는 굉장히 어려운 시대에 살고 있습니다. 그런데 제가 좀 "어렵다, 힘들다, 위기다"라고 하면 자꾸 사람들이 "너의 생각이 부정적이지 않느냐, 좀 긍정적으로 생각하라"고 합니다. 저도 그런 말을 하도 많이 들으니까 이제는 나름대로 분석도 해 보고, 점검도 해 봅니다. 하지만 분명히 말씀드리지만 저는 부정적인 사람이 아닙니다. 지금까지 목회를 해 오면서 저 자신이 추구했던 철학이나, 성도들 하나하나를 보면서 갖는 기대감이나, 이 시대를 향해서 하나님의 뜻을 분별하려고 노력하는 저의 입장에서 볼 때 저의 사고는 절대로 부정적이지 않습니다. 소극적이지도 않습니다.

"성령의 사람은 환상이 있고, 예언이 있고 꿈이 있다"고 하였습니다. 제가 성령의 사람이라면 왜 부정적으로만 생각하겠습니까? 그럼에도 불구하고 '이 시대는 어려운 시대다, 위기이다, 큰일 났다' 는 생각을 갖게 되고, 그런 말을 하게 된다면 그것은 저의 부정적인 사고 때문이 아니라 현실이 그렇다는 것을 증명하는 것입니다.

어느 시대나, 특히 선지자 시대를 보면, 상황이 위기에 치달을수록 거짓 종들은 평화를 외쳤습니다. 평화가 무엇입니까? 긍정적인 사고방식입니다. 모든 것을 좋게 해석하는 것입니다. 그렇게 함으로써 많은 사람들로부터 인기를 누립니다. 그리고 분명히 보아야 할 문제점을 보지 못하도록 눈을 가리고 좋은 것만 자꾸 부각시켜서 확대하니까 사람들이 그걸 쳐다보고 자기는 아무 문제가 없다고 생각하게 되는 것입니다. 그러니 하나님의 심판이 눈앞에 와도 그것이 심판인지를 알아차리지 못하고 다 같이 망하는 것입니다. 병든 낙관주의는 시대가 위기에 빠질수록 더 기승을 부립니다. 오늘날 우리 주변에는 그와 같은 병든 낙관론을 가지고 가급적이면 현실을 오도하려고 하는 사람들이 많습니다. "교회가 아직도 부흥하고 있는데" "하나님이 그동안 이만큼 축복하시지 않았느냐" "선교사가 몇 명이 파송되고 있는데" 이런 소리를 하면서 문제가 없다는 식으로 말합니다.

우리가 부정적인 사람이기 때문에 이 시대를 염려하는 것입니까? 하나님이 염려하신다고 믿기 때문에 염려하는 것입니다. 우리가 한가해서 한국 교회를 걱정합니까? 솔직히 저 혼자 걱정한다고 한국 교회가 달라집니까? 저 혼자 발로 뛴다고 교단이 달라집니까? 골치 아프게 뭐 하러 그럽니까? 그럼에도 시대를 염려할 수밖에 없는 이유가 있습니다. 성령님의 탄식이 우리에게 전달되기 때문입니다. 조금만 주의를 기울이고 보면 이 시대는 굉장히 어려운 시대입니다. '성령님이 떠나시지 않을까' 하는 우려마저 생길 만큼 어려운 시대입니다.

솔직히 목사들끼리 하는 이야기를 평신도들이 들을까봐 안절부절 못하는 게 목사들의 현실입니다. 평신도들이 있는 자리에서는 차마 말 못하는 게 너무 많습니다. 그러면서도 이대로는 안 된다는 위기의식이 없습니다. 어느 때나 이 정도의 문제는 있었다는 나름대로의 결론을 가지고 가급적이면 태연하려고 합니다. 그러한 안일함이 지나쳐 이제는 상당히 어려운 고비에 접어들고 말았습니다.

제가 구체적으로 이야기 할 필요도 없습니다. 우리 자신이 너무나 잘 알고 있기 때문입니다. 솔직히 말해서 저는 교단 안에서 아웃사이더였습니다. 솔직히 관심이 없었습니다. 교단이다, 조직이다, 운영이다 하는 것은 필요악이라고 생각하였습니다. 교회는 유기체입니다. 조직체가 아닙니다. 사람들이 모이는 집단이기 때문에 할 수 없이 '조직'이라는 게 필요하게 되었지만, 그 조직이 조금이라도 부작용을 일으키게 되면 그 때부터는 필요악으로 전락하고 맙니다. 제가 늘 그런 시각을 가지고 있기 때문에 한동안은 교단을 뛰쳐나가서 밖으로 돌기도 하였습니다.

나중에 다시 교단으로 들어왔을 때 제 이름을 빼지 않고 5년 동안 기다렸던 모 노회에 가서 인사를 하면서 인격적으로 약간의 모욕적인 질문을 받았습니다. 그 사람들이 볼 때 자기들은 분명 교단의 정통성을 가진 사람들이고, 저는 밖으로 돌다가 갈 곳 없어 다시 돌아온 사람인 것입니다. 그렇기 때문에 그들의 비아냥거리는 항의에도 저는 "잘못하였습니다" 하고 교단에 다시 들어올 수밖에 없었습니다.

왜 나갔다가 다시 들어왔겠습니까? 그것은 한마디로 사람들이 모이는 곳은 별 수 없었기 때문입니다. 위대한 성자들이 모여도 별 수 없다는 것을 깨달았기 때문입니다. 한 가지가 좋으면 다른 한 가지가 어긋났습니다. 교단이 크면 아무래도 좋은 점이 많습니다. 그러나 작은 교단에서는 바로잡고 싶은 것이 있어도 의외로 할 수 있는 일들이 너무 적었습니다. 너무 좁아서 숨이 막힐 것 같았습니다. 그래서 제 친구들과 의논하고 다시 예장합동으로 돌아갔습니다. '예장합동은 그래도 한국 교회를 이끌어 가는 교단이니까 약간 냄새가 나도 이 정도면 괜찮다'는 마음으로 돌아왔습니다.

저는 노회에 가입을 하고도 한동안 노회에 참석하지 않았습니다. 노회에 출석을 안 했는데도 노회에 있는 친구들이 저를 잘 이해해 주었습니다. "큰 교회를 담임하는 목사이고 초교파적으로 사역하는 목사이니까 우리가 보호해 줘야 한다" 하면서 이해해 주었습니다. 그리고 저는 그들이 필요로 하는 것이 있으면 적극적으로 도우면서 지내왔는데, 3년 전부터 제 생각이 좀 달라지기 시작하였습니다. 그 이유는 제가 몸담고 있는 집안도 깨끗하게 하지 못하면서 타 교단을 향해 갱신을 요구하는 것을 문제가 있다는 생각을 하게 되었기 때문입니다.

교단에 들어와서 여러가지를 접하면서 억장이 무너지는듯한 아픔을 느낍니다. 이상하게 교단의 문제를 확대시켜서 보면 볼수록 저 자신의 허물 또한 확대됩니다. 차라리 교단이 좀 깨끗하면 나도 좀 깨끗하게 보일 텐데, 내가 몸담고 있는 교단이 너무 내면적으로 충격을 주니까 그 충격이 나의 충격이 되고 또한

나도 똑같은 사람일 수밖에 없다는 것을 발견하게 되었습니다. 그러면 같이 망해야 합니까? 그럴 순 없습니다. 죽어도 몸부림을 치다가 죽어야지, 몸부림도 치지 않고 "나 죽여주쇼!" 하는 것은 문제가 있다고 생각합니다. 그리고 더욱이 제가 가슴 아프게 생각하는 것은 우리 교단에서 우리 교회가 제일 큰 교회에 속한다는 것에 책임을 느끼지 않을 수 없습니다.

3, 40대 후배 목사들 중에는 가슴앓이를 하면서도 말도 못하고, 바로 해야 된다는 정의감과 양심을 가지고 있으면서도 어찌할 바를 찾지못해 땅만 치고 있는 이들이 너무 많은데, 선배라고 하는 사람이 모른 척하고 있으면 뒤에 따라오는 후배들이 어떻게 힘을 쓰며, 어떻게 앞날에 대해 비전을 가질 수 있겠습니까? 결국 발전을 가로막는 것은 저 같은 존재입니다. 교회가 성장하면서 세간의 관심이 집중되었고, 사람들은 기대감을 가지고 저를 바라보게 되었습니다. 그런 기대를 알면서도 아무것도 하지 않는다면 제게 주어진 책임을 회피하는 것과 다를 바가 없을 것입니다. 그래서 '가만히 있는 것은 비겁한 일이고, 하나님 앞에 죄를 범하는 일인지도 모르겠다'는 생각에 제 자신이 생각을 바꾼 것입니다.

그런데 한 가지 놀라운 일이 있습니다. 주변에 너무나 참신한 마음을 가지고 똑같은 걱정을 하는 사람들이 의외로 많다는 사실입니다. 제가 그것 때문에 또 한 번 충격을 받았습니다. 그래서 사실, 아무 준비도 없이 시작한 것이 '교회갱신을 위한 목회자협의회'(교갱협)입니다. 하나님께서 코너에 몰아붙이는 것 같은 큰 손길을 느꼈기 때문에 서로 마음을 나누다 보니 함께 모이게 되었고, 함께 모이다 보니 어려운 길인 줄 알면서도 "함께 가자!"고 한 것입니다.

우리가 이렇게까지 할 수밖에 없게 된 이 시대는 참으로 불행한 시대입니다. 참으로 가슴 아픈 일입니다. 그렇다고 저는 누구를 정죄할 생각은 없습니다. 입장을 바꾸어, 저라도 30년 동안 노회에 몸담고, 노회에서 서기가 되겠다고 애쓰고, 노회장하겠다고 사람들을 끌어 모으고, 서로의 이해관계를 가지고 법전을 들고 싸우는 풍토에 익숙해졌더라면 지금 그런 사람들과 뭐가 다르겠습니까? 그래서 지금 우리를 가슴 아프게 하는 그런 사람들이 말하고 행동하고 교단에 영향을 주는 모든 것을 놓고 정리하고 싶은 생각은 없습니다. 분명한 것은 그들은 잘못된 줄 알면서도 그렇게 행동 한다는 것입니다. 그러나 그런 행동을 하는 그들의 마음에는 '이래서는 안 된다' 는 자각증세가 있다는 것을 저는 분명히 압니다. 그런 마음이 있다는 것을 제가 알고 있기 때문에 아직도 하나님은 우리 교단에 소망을 가지고 기대하고 계신다고 확신합니다.

만약 그런 자각증세마저 아예 느끼지 못하는 교회 지도자들이 이 교단을 좌지우지한다면 저는 솔직히 말해서 이 교단을 떠납니다. 하나님이 떠나면 저도 떠나는 겁니다. 그러나 아직도 이 교단에 대해 애착을 갖는 이유는, 위에 있는 사람부터 밑에 있는 사람에 이르기까지 '이대로는 안 된다'는 탄식을 하고 있다는 사실을 알고 있기 때문입니다. 그러므로 희망이 있습니다. 저는 하나님께서 아직도 희망을 갖고 계신다고 믿습니다.

교회는 주님께서 피로 값 주고 사신 주님의 것입니다. 그러므로 교회는 주님이 가장 아끼시는 신부입니다. 생명처럼 아끼십니다. 그리고 모든 능력과 지혜를 다 동원해서 지키십니다. 그리고 교회가 잘못되었을 때는 절대로 방치해 두지 않습니다. 사랑하는 신부이기 때문에 주님은 절대로 방치하고 내버려 두시지 않습니다. 이것이 바로 성경이 우리에게 가르치는 진리요, 기독교 2천 년 역사가 우리에게 보여주는 교훈입니다. 예장합동도 주님의 신부입니다. 주님의 교회입니다. 주님이 피로 값 주고 사셨습니다. 그러므로 주님은 끝까지 지킬 것이며 포기하지 않으실 것입니다. 우리는 그것을 분명히 믿습니다. 위기가 옵니까? 주님은 반드시 역사 하십니다. 그분은 자리에서 일어서십니다. 손을 쓰십니다. 오래 참으실 때는 있어도 교회를 포기하는 법은 없습니다. 사람이 잘못되면 잘못되었지 교회가 잘못되는 법은 없습니다. 주님의 교회는 흠과 티가 없는 그리스도의 신부입니다. 교회를 지도하는 지도자가 잘못되면 잘못되었지 그리스도의 몸이 잘못될 수는 없습니다. 복음을 전하는 자가 잘못되면 잘못되었지 예수 그리스도의 복음이 부패할 수는 없는 것입니다. 그러므로 교회가 잘못되었다고 말하면 안 됩니다. 주님은 교회를 지키십니다. 그러나 그 교회를 책임지고 있는 인간들이 잘못해서 교회에 위기가 오고, 예수님 몸에 문제가 생긴다고 생각하면 주님은 자리에서 일어나서 일을 하시기 시작합니다. 저는 그걸 분명히 믿습니다.

주님이 일을 하실 때면, 지금까지 변함없이 선택하시는 전략이 있습니다. 그것은 약한 자, 작은 자를 사용하신다는 것입니다. 자기의 몸된 교회가 어려움을 당할 때 그 교회를 원상회복시키기 위해서, 그리고 그 시대를 감당할 수 있는 교회로 다시 재충전시키고 새롭게 하기 위해서 주님이 사용하시는 자들은 한결같이 작은 자요, 약한 자였다는 것입니다. 이것이 주님의 전략입니다. 이것은 교회를 잘못된 곳으로 끌고 가는 많은 지도자들이 보지 못하는 허를 찌르는 작전입니다.

예를 들어, 루터를 한번 보십시오. 그 당시 신성로마제국의 제도로 보면, 교회는 국가의 행정기관이나 다름없었습니다. 교황이 대통령이었습니다. 대통령의 입장에서 볼 때 루터는 아무에게도 주목받지 못하는 시골 이장 정도의 위치밖에 안되는 사람이었습니다. 그러니 막강한 정치 세력을 손에 쥐고 있는 자가 볼 때 루터는 한 번 크게 소리만 질러도 끝날 존재로 보였습니다. 각종 부패와 사회악으로 교회가 완전히 그 기능을 상실했던 웨슬리 시대에 성(聖) 클럽을 만들어서 기도하고 금식했던 그 새파란 대학생들은 당시 영국의 실권을 쥐고 있는 사람들의 눈에는 주일학교 학생들에 지나지 않았습니다. 아무런 힘이 없는 자들이었습니다. 그러나 하나님은 그런 자들을 사용하셨습니다. 이것은 마귀의 허를 찌르는 작전입니다. 마귀가 미처 대비를 하지 못하고 있는 곳을 찌르는 것입니다.

대부분 작은 자와 약한 자는 실권을 쥐고 힘을 쓰는 사람들에게 있어서 방심의 대상입니다. 전략적으로 말하면 프랑스의 마지노 요새선과 같습니다. 프랑스 사람들은 마지노 요새선을 어떻게 보았습니까? 너무 튼튼하게 지었기 때문에 난공불락이라고 생각하였습니다. 그래서 이 요새선만 있으면 독일군을 막을 수 있다고 자신하였습니다. 그런데 이 요새선에 약점이 하나 있었는데, 막강한 폭발력을 동반한 공중 공격에는 취약하다는 것이었습니다. 그런데 '설마' 하며 방심하는 사이 결국 독일이 프랑스의 허를 찔렀습니다. 그래서 우리가 흔히 최후의 선을 일컬어 '마지노선'이라는 말을 많이 쓰는 것입니다.

마귀는 아주 약하고 무력한 자는 주목하지 않습니다. 신경도 안 쓰고 방치해 둡니다. 그렇게 방치하고 방어하지 않으니까 하나님이 약한 자를 사용하실 때 마귀가 당하는 것입니다. 주님이 약한 자, 작은 자를 쓰시는 이유가 바로 마귀의 허를 찌르기 위함이며, 마지노 요새를 공격하는 작전과 비슷하다고 생각합니다. 참 놀라운 하나님의 지혜입니다.

하나님의 작전은 겨자씨 작전입니다. 겨자씨가 얼마나 작습니까, 이사야는 하나님 나라의 기적을 일컬어서 "그 작은 자가 천을 이루겠고 그 약한 자가 강국을 이룰 것이라"고 예언하였습니다(사 60:22). 예수 그리스도를 놓고도 "마른 땅에서 나온 줄기 같다"고 하였습니다(사 53:2). 그분은 아무도 주목하지 않는 허약한 분이셨습니다. 하나님은 그 줄기를 사용하셨습니다.

바울도 마찬가지입니다. 우리는 성경을 통해 바울이 육신적으로 몹시 약한 사람이었다는 것을 알 수 있습니다. 남이 보기에도 '저래서 무슨 일을 할까?' 염려가 될 만큼 몸에 가시를 지니고 있었던 사람입니다. 하지만 하나님께서는 그를 사용하셨습니다. 이것이 하나님의 원리입니다.

어쩌면 주님은 바울에게서 너무 인간의 힘이 강하다고 느꼈을지 모릅니다. 아무리 그가 거듭나고, 하나님의 특별한 소명을 받은 사람이라 할지라도, 바울도 인간이기 때문에 분명 그 마음에 자존심이 있었을 것입니다. 얼마나 많이 배운 지성인입니까? 얼마나 자존심이 강하였습니까? 그게 쉽게 하루아침에 무너질 리가 없습니다. 그러기에 바울도 나름대로 '내 힘으로 할 수 있다'고 하는 내면의 버팀목이 있었을 것입니다. 주님께서는 그 버팀목마저 꺾으셨습니다. 몸에 가시를 주어서 자기 힘이 완전히 빠지도록 만드신 것입니다. 자기 힘이 빠져야 비로소 주님이 주목하시는 작은 자, 약한 자가 될 수 있기 때문입니다. 이것이 큰 일을 하기 위한 주님의 전략입니다. 자기의 몸 된 교회가 위기를 만났을 때, 그 위기를 극복하게 하기 위해서 주님이 선택하고 사용하시는 방법입니다.

저는 교갱협에 뜻을 같이하기 위해서 모이는 사람들, 특히 지금까지 저와 마음을 열고 머리를 맞대어 왔던 우리 형제들을 가만히 보면 참 작은 자들이라는 생각이 듭니다. 저를 비롯하여 우리는 모두 힘이 없습니다. 우리 교단의 정치 흐름을 좌지우지했던 사람들이 볼 때, 우리는 참으로 보잘것없는 존재들입니다. 교회는 조금 크고 목회는 잘 하는지 모르지만, 정치적인 힘을 가지고 교단을 주무르는 사람의 입장에서 볼 때는 형편없는 사람이라고 생각할지도 모릅니다. 더군다나 이상하게도 "교갱협을 좀 해보자"고 제안했을 때 주저하지 않고 동조한 사람들이 다 정치적으로 힘이 없는 사람들입니다. 솔직히 말하면 "별 볼

일 없는 사람들이 모였다" 이 말입니다.

그리고 일부에서는 이런 말도 합니다. "한때 교단에서 한 자리 잡아 보려고 하다가 힘없이 밀려나 설자리가 없는 사람들이, 교갱협을 한다니까 전부 거기에 매달려서 야단법석이다." 사실인지도 모릅니다. 그처럼 사람들의 눈에 작은 자, 무력한 자들이 교회 갱신을 해보자며 모였다는 점에서, 교갱협에 관심을 가지고 함께한 이들 중에는 큰 자가 하나도 없습니다. 모든 면에서 작은 자입니다.

우리가 작아지고 사람의 힘이 빠져야 하나님의 능력이 들어옵니다. 나의 힘이 어떤 일을 하지 못할 만큼 작아졌을 때 비로소 하나님이 역사하십니다. 그래서 하나님은 작은 자를 찾으시는 것 같습니다. 우리의 경험으로 볼 때 사람의 힘이 강하면 하나님의 능력이 이상하게도 상대적으로 약화되는 것을 많이 봅니다.

저도 건강 문제로 지난 7년 동안 많은 시련을 겪었습니다. 지금도 별 차이는 없지만 저는 지난 7년을 돌이켜보면서 큰 진리 하나를 발견하였습니다. 이전의 저는 사람의 힘이 굉장히 강했던 것 같습니다. 저는 쓰러지기 전까지 건강하였습니다. 몸이 건강해서 마음대로 뛸 수 있으니까 하나님이 역사하실 공간이 그만큼 작아졌던 것입니다. 내 힘과 내 힘이 주는 압력이 너무

강하니까 하나님의 능력이 내 안에서 자리를 잡을 수 없을 만큼 위축되는 것을 보았습니다.

당연히 그렇습니다. 건강하고, 자신만만하고, 젊고, 교회는 자꾸 부흥해서 사방에서 오라고 야단이니 제 힘이 얼마나 강합니까? 그러니까 기도도 덜 하고, 하나님과의 관계도 적당히 줄이고, 더 많이 뛰고, 더 많이 만나고, 더 많이 말하는 쪽으로 치중했던 것입니다. 그러니까 사람의 힘이 무지무지 강해집니다.

그런데 놀랍게도 내가 너무 강하니까 하나님의 능력이 그만큼 약해졌습니다. 그러니 하나님이 사용하지 못하는 것입니다. 결국은 누가 저를 사로잡았겠습니까? 마귀가 저를 사로잡았습니다.

지금 돌이켜보면 몸이 약해서 쓰러진 것이 아니라 완전히 시험에 빠졌던 것입니다. 저는 그것을 정확하게 알고 있습니다. 그래서 '사람의 힘이 강하면 하나님의 힘이 약해진다'는 공식이 저의 마음에 자리잡기 시작하였습니다.

하나님께서 바울에게 왜 가시를 주어서 그렇게 약하게 만들어 버리셨을까요? 바울에게도 뭔가가 있었던 것 같습니다. 저는 바울이 완전한 사람이라고 보지 않습니다. 불완전한 바울을 그대로 두었다가는 하나님의 능력이 그만큼 제한받게 될 위험이 있었기 때문에 하나님께서 그에게 가시를 주셨다고 생각합니다.

모세도 그 힘이 대단했을 때는 하나님이 그를 사용하실 수 없었습니다. 나중에 하나님이 그를 사용하시려고 할 때에 모세에게 힘이라고는 하나도 남아 있지 않았습니다. 그제서야 비로소 하나님이 그의 손을 쥐기 시작하였습니다. 마치 구조대원이 물에 빠진 사람을 건지려 할 때, 그 사람이 완전히 기진맥진할 때까지 기다리는 것처럼, 하나님은 모세가 기진맥진할 때까지 기다리신 것입니다.

하나님께서 자기 몸된 교회를 위해서 사용하는 사람들, 특히 교회가 부패했을 때, 교회가 잘못된 길로 가고 있을 때, 하나님의 생명과 같은 교회를 바로 잡기 위해서 사용하시는 자들을 물색하실 때, 하나님은 백 퍼센트 당신의 힘을 가지고 하시길 원하시지 사람의 힘을 이용하기를 원치 않으십니다. 사람의 힘은 효력이 없습니다. 그러기 때문에 사람의 힘이 남아 있지 않은 가장 약한 자, 가장 작은 자를 찾으시는 것입니다.

그래서 모세가 쓰임 받지 않았습니까? 그런데 목회자들이 이 진리를 왜 자꾸 잊어버리는지 모르겠습니다. 7년 전 저 자신처럼 너무나 자신만만합니다. 우리에게 남아 있는 힘을 가지고 교회를 갱신하려고 하면, 우리는 모두 망하고, 교회도 망하고, 아무것도 하지 못합니다. 사람의 힘을 가지고 하면 안 됩니다. 잘못된 것을 치료 하거나 고치려 한다면 힘보다 효력이 필요합니다. 힘으로 고치는 것이 아니라 효력으로 고치는 것입니다. 힘만 강하다고 병을 고칠 수는 없습니다.

홍콩 주재원으로 가서 몸에 좋다고 하니까 그 흔해 빠진 녹용을 날마다 아침저녁으로 달여 먹고 완전히 몸을 버린 청년이 있습니다. 녹용이 아무리 좋다고 해도 그게 만병통치약은 아닙니다.

우리 교회의 한 부목사가 지금 3개월째 병원에 누워 있습니다. 조그마한 종기가 나서 거치적거리고 불편하니까 비뇨기과에 가서 종기를 제거해 달라고 했답니다. 개인병원이었는데, 그래도 서울에서 개업할 정도면 어느 정도는 바탕이 있는 사람이라고 생각하고 의심없이 수술을 맡겼다고 합니다. 수술 후 2, 3주만 지나면 다 낫는다고 하니까 기분 좋아서 주일에 교회에 와서 사역을 하였습니다. 그러다가 좀 이상하다는 것을 느끼고 큰 병원으로 달려가 검사를 했더니 거의 죽게 되었다는 것입니다. 애초에 수술을 했던 의사가 종기에 손을 잘못 댄 것입니다. 칼을 가지고 베어서는 안 되는 자리를 도려낸 것입니다. 그래서 패혈증에 걸렸다고 합니다. 피에 균이 들어가 피의 기능을 계속 저하시킨다는 것입니다.

보통 이 병에 걸리고 여덟 시간 정도 지나면 10명 중에 8명은 죽는다고 합니다. 피가 제기능을 못하니까 나중에는 신체에 있는 모든 부위에 이상이 생기는 것입니다. 일이 크게 벌어진 것입니다. 중환자실에 입원시키고 사람만은 살려야 하는데, 그 병이 얼마나 무서운지 신장 기능이 전부 멈춰 버렸습니다. 투석을 시작했지만 이번에는 간에 문제가 생겼습니다. 얼굴은 완전히 황색이 되고, 눈이 노랗게 변하였습니다. 모든 신체 기관의 기능이 자꾸 떨어지면서 더이상 손을 쓸 수가 없게 되었습니다. 담당의사는 환자의 생사를 장담하지 못하고 "오늘 저녁을 넘겨봐야 안다"는 말 뿐이었습니다. 다음날도 "모르겠다"는 말 뿐이었습니다. 결국에는 의식이 없어졌습니다. 숨도 쉬지 못하였습니다. 거의 모든 신체 기관이 제기능을 하지 못하는 상황에 이른 것입니다.

저는 그 과정을 지켜보면서 '강한 것이 전부가 아니구나!' 하고 생각하였습니다. 칼이 강하고 수술이 강한 것 아닙니까? 그러나 강한 힘을 쓴다고 해서 잘못된 것이 고쳐지고 되살아나는 것은 아닙니다. 효능이 중요합니다.

그분은, 지금은 위기에서 벗어났지만 패혈증 때문에 피가 제기능을 못해 수술했던 자리가 몽땅 썩어 버렸습니다. 썩은 것은 회복을 하지 못한다고 합니다. 그런데 놀랍게도 얼마 전부터 새살이 돋아나고 있습니다. 그걸 보고 의사들이 "의학계에 발표해야 할 희귀한 현상"이라고 하였습니다. 교회에서 기도를 많이 하니까 하나님이 불쌍히 여기셨나 봅니다.

이처럼 힘이 문제를 해결하는 것이 아닙니다. 효능이 중요하고 효력이 중요합니다. 사람에게 있는 힘은 강할 수 있습니다. 그러나 영적으로 잘못된 것을 고칠 수 있는 효력 면에서는 그 어떤 능력도 가지고 있지 못합니다. 성령의 역사만이 효능을 발휘합니다. 우리는 갱신해야 합니다. 개혁해야 합니다. 많은 문제가 잘못되어 가고 있습니다. 예! 좋습니다. 한번 힘을 써 볼까요? 숫자를 많이 늘리고, 동지들을 규합하고, 조직을 철저히 정비하고, 막대한 돈을 써서 정치적으로 대결하고 힘과 힘이 부딪히는 싸움을 한번 해 볼까요? 싸움은 되겠지요. 그러나 근본적인 문제를 치유하는 데, 인간의 힘은 효력을 발휘하지 못합니다. 진정한 효력은 성령의 손에서 나옵니다. 하나님 말씀의 능력에서 나옵니다. 그러므로 이 효력을 발휘할 수 있는 진정한 힘이 역사하려면 나에게 있는 힘을 뽑아 버려야 합니다. 그래서 우리는 약한 자, 작은 자가 되어야 합니다. 그래야 하나님이 우리를 사용하십니다.

주님께서 우리 모두에게 이와 같은 은혜를 주시기 바랍니다. 스스로에게 이렇게 질문합시다. "하나님께서 보시기에 나는 하나님께서 찾고 계시는 작은 자인가?" 이것을 조용히 자문하는 은혜가 있기를 바랍니다. 하나님이 작은 자라고 보신다면 우리는 잘 모였습니다. 그러나 하나님이 보실 때 큰 자라고 생각하신다면 우리는 잘못 모인 것입니다.

또 하나 물어봅시다. '과연 우리는 작은 자를 주목합니까?, 우리 동료들 중에서 작은 자를 주목합니까?" 하나님은 그런 자를 주목하고 찾고 계시는데, 우리는 작은 자를 도외시하는 버릇이 있습니다.

저는 지나가다가 작은 개척 교회가 상가에 조그마한 십자가를 세워 놓고 있으면 늘 기도합니다. 저는 그 교회가 사람 눈에는 굉장히 초라하고 작아 보이지만 하나님께서 한번 눈여겨보시면 굉장한 일을 할 수 있다고 믿습니다. 저는 늘 그렇게 생각하고 기도합니다. 지나가다가 보면 저도 모르게 기도가 나옵니다. 하나님은 그런 데서 일을 하십니다. 사람들이 멸시하고, 무시하고, 안중에 두지 않던 그런 곳에서 하나님의 큰 역사가 일어납니다. 그것이 지금까지 성경 안에서의 역사요, 기독교 역사에서 증명할 수 있는 일이기 때문입니다. 우리 모두 작은 자를 주목해야 합니다.

교회 갱신을 하고 싶습니까? 작은 자를 주목하는 하나님의 눈을 가져야 합니다. 이것이 중요합니다. 먼저 내가 하나님이 주목하시는 작은 자인가를 묻고, 그 다음에 작은 자를 과연 하나님의 눈을 가지고 주목하는가를 다시 한 번 물읍시다. 이것만

된다면 우리는 하나님께서 사용하시는 도구가 될 수 있다고 확신합니다. 하나님의 능력, 치유하시는 능력, 개혁하시는 주의 능력이 우리를 통해서도 얼마든지 나타날 수 있다고 저는 확신합니다. 주님께서 우리를 통해서 영광 받으시고, 주의 신부되신 교회가 이 세상에 다시 한번 그 놀라운 영광을 드러내는 그날이 오기를 간절히 바랍니다.

교회 갱신은
새로운 팀 리더십을 기다린다

교회갱신을 위한 목회자협의회 영성수련회(1996. 8. 27)

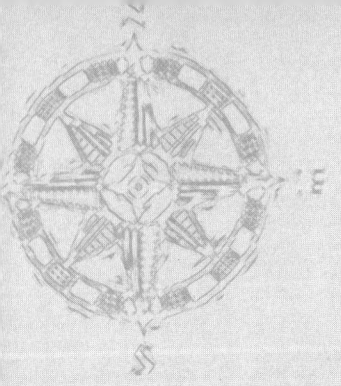

"후에 저희에게 이르기를 우리의 당한 곤경은 너희도 목도하는 바라 예루살렘이 황무하고 성문이 소화되었으니 자, 예루살렘 성을 중건하여 다시 수치를 받지 말자 하고 또 저희에게 하나님의 선한 손이 나를 도우신 일과 왕이 내게 이른 말씀을 고하였더니 저희의 말이 일어나 건축하자 하고 모두 힘을 내어 선한 일을 하려 하매"(느 2:17, 18).

교갱협이 탄생하게 된 동기는 너무나 단순합니다. '이래서는 안 되겠다'는 것이 동기입니다. 다른 동기는 아무것도 없었습니다. '주님 앞에 설 때 우리가 부끄럽지 않고 책망 듣지 않으려면 가만히 있어서는 안 되겠다'는 생각이 이 사람 저 사람 마음속에 공유되면서 이심전심으로 서로 연결되어 자연스럽게 모임이 발족된 것입니다. 할 수만 있었다면 처음부터 전국에 흩어져 있는 뜻있는 동역자들에게 연락해서 "우리 한자리에 모여 봅시다. 함께 눈물 흘리며 기도하면서 씨름해 봅시다. 어떻게 하면 좋겠습니까? 주님의 명령을 한번 기다려 봅시다" 하고 함께 시작을 했더라면 참 좋았을 텐데, 여러분도 아시다시피 사람이 하는 일이라 아무래도 한계가 있어서 자연히 소수의 사람들이 부득불 시작하게 된 것입니다. 그러나 그 소수의 사람들은 여러분들이 마음껏 들어와서 하나님 손에 쓰임 받을 수 있도록 장을 열어 주는 데 시녀 역할을 한 것뿐입니다. 이제부터 여러분이 일을 하셔야 하고, 한국 교회의 뜻있는 모든 종들이 한 마음이 되어 시대적인 하나님의 요구를 듣고 만족시켜 드려야 합니다.

다들 아시다시피 한국 교회는 겉으로는 평화롭고, 안정되고, 부흥하고 있는 것처럼 보이지만 양파 껍질처럼 얇은 껍질을 한 겹만 벗겨 보면 그 속에는 내분이 있고, 혼란이 숨어 있습니다. 정통과 개혁이 은근히 대립하고 있고, 구세대와 신세대 간에 긴장이 도사리고 있고, 안정 추구파와 변화 추구파 사이의 알력이 서서히 머리를 들고 있습니다.

빌 헐 목사님의 『모든 신자를 제자 삼는 교회』, 『목회자가 제자 삼아야 교회가 산다』라는 책을 읽어 보셨습니까? 제자훈련을 다루고 있는 책들인데, 저는 상당히 감명 깊게 읽었습니다. 그분이 이런 말을 하였습니다.

"오늘날의 교회는 팔·다리가 아픈 것이 아니라 심장병을 앓고 있다."

팔·다리가 아프면 고치면 되지만 심장병을 앓는다는 것은 생명과 직결되기 때문에 상당히 심각하다는 이야기입니다. 오늘날의 교회는 손가락이 아픈 것도 아니고, 팔이 부러진 것도 아닙니다. 오늘날의 교회는 심장병을 앓고 있습니다. 미국만 그런 것이 아닙니다. 우리도 다 알고 있지 않습니까? 털어놓기 싫고, 말하기 싫어서 그렇지 다 알지 않습니까? 우리들의 교회는 심장병을 앓고 있습니다. 때문에 교갱협은 하나님이 은혜 속에서 교회의 '체질 개선'을 통해 이 병을 고쳐 보고 싶은 것입니다. 죽을 수는 없지 않습니까? 설혹 죽는 한이 있더라도 죽는 순간까지는 몸부림을 쳐야 하지 않습니까?

우리는 '체질 개선'이란 말을 상당히 의미 있게 받아들여야 합니다. 이것은 사람을 가르친다는 말이 아닙니다. 조직을 한꺼번에 뒤집어엎는다는 말도 아닙니다. 운영을 새롭게 해보자는 그런 이야기도 아닙니다. 체질 개선이라는 것은 기본적인 것을 개선한다는 뜻입니다. 바로 지도자들의 의식을 바꾸는 것입니다. 지도자들의 의식이 바뀌면 현 세대를 보는 패러다임에 변화가 일어날 수 있습니다. 그러나 이 체질 개선은 절대로 쉬운 것이 아닙니다. 그러나 해야 합니다. 서서히 체질 개선이 되면 세대교체도 자연스럽게 되리라고 봅니다.

제가 60을 바라보는 사람인데, 솔직히 말씀드려서 50대 중반 이후는 소망이 없습니다. 우리는 너무 오랫동안 잘못된 체제 속에서 굳어져 왔습니다. 적극적으로 동참했든지, 아니면 슬금슬금 저처럼 도망다녔든지 간에 벌써 우리는 자신도 모르게 체질이 굳어져 버렸습니다. 너무 산성화 되어버렸습니다. 새로운 시대를 위해서 우리를 알칼리성으로 만들기는 거의 불가능한 것 같습니다. 때문에 한국 교회가 21세기에 자기 몫을 감당하려면,

좀 심한 말로 생존할 수 있기를 바란다면, 새로운 의식과 패러다임을 가진, 하나님이 세우시는 새로운 세대가 한국 교회를 책임져야 합니다. 이 일을 위해서 교갱협이 문을 연 것입니다.

21세기를 흔히 세계화 시대라고 말합니다. 그러므로 한국 교회도 세계 속의 교회가 되어야 합니다. 우리끼리만 똘똘 뭉쳐 살 수는 없습니다. 개방해야 합니다. 세계를 가슴에 품고 함께 씨름해야 합니다. 그러므로 일각에서 보는 것처럼 교갱협을 일종의 새로운 정치세력으로 보는 시각에 우리 스스로가 말려들지 않기를 바랍니다.

이런 상황에서 우리 교단이나 한국 교회는 새로운 리더십을 매우 시급하게 필요로 하고 있습니다. 새로운 리더십이 무엇입니까? 이것은 어떤 영웅을 중심으로 해서 형성되는 것이 아니라 동일한 문제의식과 비전을 가진 사람들의 팀 리더십입니다. 저는 이 시대가 하나님의 종들이 한마음으로 뭉쳐 한국 교회와 세계 교회를 책임질 수 있는 팀 리더십을 요구하고 있다고 믿습니다.

리더십은 지도력입니다. 그리고 지도력은 영향력이라는 말로도 바꿀 수 있습니다. 영향력을 끼칠 수 있으면 그 사람은 리더십이 있다고 말할 수 있습니다. 그러므로 두 사람에게 영향을 끼쳤든, 오십 명 모이는 교회에 영향을 끼쳤든, 크든 작든 간에 다른 사람들에게 영향력을 끼쳤다면, 그 영향력을 리더십이라고 말합니다. 그리고 영향력을 끼치는 사람을 일컬어서 지도자라고 합니다.

해리 투르만 대통령이 다음과 같은 멋진 말을 하였습니다.

"지도자란 어떤 사람인가? 사람들이 하고 싶어 하지 않는 일을 하게 하고, 나중에는 그 일로 인해서 좋아하고, 행복을 느끼게 만드는 능력을 가진 사람이다."

굉장히 멋진 말입니다. 리더십이란 일반 회중들이 하기 싫어하고 기피하는 일을 먼 안목을 가지고 끌어들이는 것입니다. 그런 다음 그들이 하기 싫어하던 일을 통해 행복과 기쁨을 맛보도록 해 주는 것입니다. 따라서 지도력을 행사하는 사람들은 다른 사람들보다 앞서가는 것이 그 특징입니다.

사실 우리 교단만 봐도 변화를 추구하는 사람보다는 변화하지 않기를 바라는 사람이 얼마나 많습니까? 그러므로 체질 개선이든 의식 전환이든 무슨 용어를 쓰든 간에 변화를 시도해 보겠다고 하면 굉장히 싫어합니다. 그러나 오늘 이 시대에 필요한 지도력이 무엇입니까? 이렇게들 싫어하는 변화를 그들로 하여금 하게 하고, 그 변화로 인해서 나타나는 결과에 감사하고, 즐거워하고, 행복해 할 수 있도록 만드는 것입니다. 이것이 바로 주님께서 우리 모두에게 요구하시는 지도력입니다.

교갱협이 만들어진 근본적인 이유가 이와 같은 교회 갱신의 소명, 다시 말해 새로운 리더십을 가진 지도자들이 한마음이 되도록 묶는 데 있습니다. 그러나 다들 아시다시피 건강하고 능력 있는 리더십은 하루아침에 만들어지는 것이 아닙니다. 리더십에 대한 요구가 크면 클수록, 상황이 위급하면 할수록 거기에 상응하는 대가가 엄청나게 크다는 것을 알아야 합니다.

한 자서전 작가는 링컨에 대해 다음과 같은 말을 하였습니다. "링컨은 온 세상과 맞서 있는 사람이요, 산과 바다를 상대하는 사람이었다."

우리는 링컨의 생애를 통해, 그가 일반 대중보다 한 발 앞서 생각하고, 한 발 앞서 행동하려 했기 때문에 얼마나 비싼 대가를 치렀는지 잘 알고 있습니다.

리더십을 연구할 때 성경의 인물 중에서 항상 거론되는 인물이 느헤미야입니다. 느헤미야를 일컬어서 흔히 "행동의 사람"이라고 합니다. 또 어떤 성경학자는 그를 일컬어 "리더십에 기념비적인 유산을 남긴 사람"이라고 극찬을 하였습니다. 그 정도로 사람들은 리더십하면 느헤미야를 많이 생각합니다.

그러면 이제 느헤미야를 중심으로 하나님이 원하시는 리더십에 대해 살펴보도록 하겠습니다.

첫째로, 느헤미야는 문제를 정확하게 인식하고 책임을 통감

할 줄 아는 사람이었습니다.

이것은 리더십을 행사하는 사람들에게 절대적으로 필요한 덕목입니다. 우리가 잘 알고 있듯이, 느헤미야는 바벨론에 포로로 잡혀간 사람이요, 아닥사스다 왕의 술관원이었습니다. 당시 술관원은 왕비 다음으로 왕의 마음을 움직일 수 있는 사람이었습니다. 엄청나고 대단한 권력을 가진 실세였습니다. 왕이 먹을 음식을 먼저 먹어 보고 왕이 독살될 수 있는 위험을 사전에 막아야 되는 책임을 진 사람이므로 자연히 왕과 가장 절친한 사이가 될 수밖에 없었습니다. 또 왕의 입장에서도 가장 신임할 수 있는 사람에게 그 일을 맡겼기 때문에 왕에게 영향력을 끼칠 수 있었던 것입니다.

느헤미야는 그처럼 대단한 자리에 있었던 사람입니다. 그처럼 최고의 부귀를 누리고 있었다면 누구든 자신의 생활에 만족할 수 있었을 것입니다. 그러나 그는 예루살렘에서 온 한 여행자에게 예루살렘에 남아 있는 백성들과 예루살렘의 형편에 대해 전해 듣고서 견딜 수 없는 마음의 고통을 느끼게 되었습니다. 사실 화려한 왕궁에 있던 사람이 예루살렘에서 무슨 일이 일어난들 구태여 마음 끓이면서 고민할 이유가 어디 있겠습니까? 얼마든지 남의 일처럼 생각할 수도 있었습니다. 예루살렘이 폐허가 되었든, 성벽이 무너졌든 그 일을 가지고 뭘 그렇게 고통스러워하고 괴로워합니까? 포로로 잡혀올 때는 신세가 끝장났다고 생각했지만, 하나님의 은혜로 수산 궁에서 황제와 함께 지내는 신분이 되었는데, 그것만으로도 복을 받은 것이고 인생의 꿈을 이룬 것이 아닌가 하고 얼마든지 생각할 수 있는 것입니다.

그럼에도 불구하고 그는 예루살렘의 형편을 듣자마자 괴로워서 견디지 못해 하나님 앞에 엎드려 금식하기 시작하였습니다.

느헤미야 1장 4절 말씀을 보면, "내가 이 말을 듣고 앉아서 울고 수일 동안 슬퍼하며 하늘의 하나님 앞에 금식하며 기도하여"라고 기록되어 있습니다. 느헤미야는 이처럼 금식하며 기도하는 중, 마침내 비장한 결심을 하기에 이릅니다. 즉 자신의 안일과 영화를 포기하기로 결심한 것입니다. 그 시대에 필요한 리더십을 행사하기 위해 제아무리 값비싼 대가라도 치르기로 결심한 것입니다.

값을 치르기가 싫어서 문제 직시하기를 두려워하거나 기피하는 사람은 영향력을 끼치지 못합니다. 오늘날 많은 사람들이 이 어려움에 처해 있습니다. 요즈음은 '지도자가 없는 시대'라고 말하지 않습니다. '영웅이 없는 시대'라고 말합니다. 영웅이 없는 시대가 된 것은 너무나 당연합니다. 왜냐하면 모두가 대가 치르기를 두려워하기 때문입니다. 그러니까 피하는 것입니다.

자기 보신에 급급한 것입니다. 그러다보니 지도자가 나오지 않는 것입니다. 이기적이고, 자기밖에 모르는 시대에 무슨 지도자가 나오겠습니까?

미국에서 오랫동안 베스트셀러였던 『The Rord Less Traveled』라는 책이 있습니다. '여행자가 많지 않는 길'쯤으로 번역할 수 있는 제목인데 저자는 그리스도인이 아닙니다. 그런데 이 책은 다음과 같은 참으로 중요한 사실을 지적하고 있습니다.

"오늘날 많은 사람들에게 있어서 삶을 점점 어렵게 만드는 이유가 어디에 있습니까? 자기의 삶을 점점 뒤틀리게 만드는 이유가 어디에 있습니까? 그 이유는 간단합니다. 자신의 문제를 직시하는 것이 고통스러워 그 문제를 외면하기 때문입니다."

자신의 문제를 직시하면 고통이 따릅니다. 그러니까 그 고통을 가급적이면 외면하기 때문에 모든 삶이 뒤틀려 버리고 마는 것입니다. 그리고 문제를 제대로 보고 그 문제를 해결하기 위해서 따르는 고통을 두려워 해서는 안 됩니다. 대가를 치르지 않고, 눈물과 고통이 따르지 않고 무슨 문제가 해결됩니까? 지불해야 하는 대가가 두려워서 도망가니까 문제를 보지 못하게 되고, 설혹 문제를 보았다 할지라도 그 문제를 해결할 길이 없는 것입니다. 그러니 문제가 계속 꼬이고 나중에는 절망에 빠지는 것입니다. 이것이 현대인의 현실입니다. 저는 이것을 백 퍼센트 공감합니다. 정신적으로나 영적으로나 훈련이 되지 못한 사람들은 고통스러운 것이 있다면 무조건 피하려고만 합니다. 그리고 문제를 해결하려고 할 때 뒤따르는 고통을 두려워한 나머지 문제 자체를 아예 외면해 버립니다. 그것이 극단으로 가게 되면 정신 질환에 걸리는 것입니다.

심리학자 칼 융은 "모든 신경 질환은 정당한 고통을 회피한 대가이다"라고 말하였습니다. 이것이 어떻게 신경 질환에만 해당되겠습니까? 오늘날 한국 교회의 문제에도 그대로 적용될 수 있다고 생각합니다.

하나님께서 성경을 통해서 우리에게 교훈하시는 참으로 중요한 진리 가운데 하나는, 모든 문제는 고통을 통해서 해결될 수 있다는 것입니다. 하나님께서는 당신이 사용하시는 종들에게 고통을 통해서 문제를 해결하는 능력을 키워 주셨습니다. 이것은 성경이 우리에게 주는 굉장히 중요한 교훈입니다.

벤자민 플랭클린은 "고통을 주는 것은 곧 교훈을 주는 것이다"라고 진리를 꿰뚫어 보는 말을 하였습니다. 리더십을 발휘할 수 있는 사람은 문제를 두려워하지 않고 문제를 직시합니다. 그리고 그에 따르는 고통을 감수할 각오를 합니다. 느헤미야의 위대함은 바로 여기에 있는 것입니다.

솔직히 이야기해 봅시다. 지금 여기에 360명의 공산주의자들이 모였다면, 360명의 주사파들이 모였다면 뭐라도 큰일을 저지를 것입니다. 그런데 목사는 300명이 아니라 3천 명이 모여도 할 일을 하지 못합니다. 그 이유는 무엇입니까? 왕궁에만 있으려고 하기 때문입니다.

지금까지 제가 그런 사람이었습니다. 귀찮고, 욕먹기 싫고, 싸우기 싫어서 가급적이면 교단의 문제이든, 한국 교회의 문제이든 슬슬 피해 다녔습니다. "내가 내 교회 사역하기에도 힘에 부쳐 씩씩거리고 있는 판국인데 무슨 교단을 생각하고, 한국 교회를 걱정하느냐? 사치스럽게 그럴 필요 없고, 그 일은 할 사람이 따로 있을 테니까 그 사람한테 맡기자. 나는 작은 그릇이니까 내 교회 하나라도 제대로 해보자" 하면서 피하였습니다. 이유는 그럴 듯 했는데, 사실은 문제 직시하기를 겁냈던 것입니다. 대가 치르기를 두려워 했던 것입니다.

사실 저는 이와 같은 태도를 가지고 오늘까지 목사로서 생활을 해 왔습니다. 솔직히 말씀드리면 저는 교갱협이 싫습니다. 다 그만두고 싶습니다. 저에게는 투사의 기질이 없습니다. 생긴 꼴을 보십시오. 투사로 일을 하겠습니까? 그러니까 괜히 분수에 지나친 짓 하지 말고 내 일이나 하고 끝내자는 심정이 99%

교회 갱신은 새로운 팀 리더십을 기다린다

입니다.

 교갱협을 시작할 때, 꼭 필요하다고 해서 시작은 했지만, 저는 산파 역할을 해 주고 모든 실무는 다른 사람들에게 맡기려고 작심하고 있었습니다. 그런데 협박하듯이 강권하는 사람들이 있어서 제가 회장직을 맡게 되었습니다. 심지어 어떤 목사님은 제가 회장을 안 하겠다고 하니까 뒤집어엎어 버리겠다고 해서 겁이 나서 할 수 없이 회장을 맡은 것도 있습니다. 그런데 제 마음속에는 이런 마음이 있습니다.

 '수양회를 하든 뭘 하든 일단 해 보되, 목사님들이 공감하지 않고 해 봐야 싹수가 노랗다 싶으면 언제든지 손을 떼야지.'

 이 얼마나 소극적인 사람입니까? 이런 제가 느헤미야를 염두에 두고 설교를 준비하면서 저 자신이 참 못난 인간이라는 것을 깨달았습니다. 어찌 보면 한 교회에서도 제대로 목회할 자격이 없고, 한 교회도 감당할 그릇이 못 되는 존재라는 것을 발견하였습니다. 그런데 슬프게도 저같은 사람이 우리 교단 안에 너무 많습니다. 전부 왕궁에만 있기를 바랍니다. 그러니까 제가 이야기하는 팀 리더십이 나오지 않는 것입니다. 될 수가 없습니다. 건전한 팀 리더십이 이루어지지 않으니까 절대로 발을 들여 놓아서는 안 되는 사람들이 발을 들여 놓고, 절대로 그 일을 해서는 안 되는 사람들이 그 일을 하고 있는 것입니다.

제가 교단 밖에 있으면 누가 저보고 욕을 하겠습니까? 그러나 교단 안에 있고, 교단에서 큰 교회를 담임하고 있으면서, 왕궁에 앉아서 '나 혼자만 잘하면 된다'는 식의 생각을 가지고 남은 인생을 보내다가 주님 앞에 서면 과연 잘했다고 칭찬받을까요? 저에게 이 문제가 걸렸습니다.

우리 교단은 인물을 키우지 않는 것으로 자타가 공인하는 교단이지만, 그럼에도 불구하고 3, 40대 목사 중에는 우수한 인재들이 아주 많이 있습니다. 그러나 한 가지 공통분모가 있습니다. 우수하기는 우수한데 대부분이 문제를 인식하고 느헤미야처럼 책임을 지려하기보다 회피하기를 좋아한다는 것입니다. 이것이 오늘의 한심한 현실을 양산하게 된 원인이 되지 않았나 생각합니다. 이런 의미에서 우리는 느헤미야로부터 책망을 들어야 하고, 느헤미야를 통해서 우리 자신이 고침받아야 한다고 생각합니다.

저는 솔직히 교단은 교회가 아니라고 봅니다. 성경이 말하는 교회는 두 가지 밖에 없습니다. 하나는 지역 교회이고 하나는 마지막에 완성될 하나님 나라입니다. 교파의 교회도 없고, 교단의 교회도 없습니다. 어떤 나라의 교회도 없습니다. 성경 안에는 그런 교회의 개념이 없습니다. 어디까지나 지역 교회입니다. 그러므로 우리가 지역 교회에 충실하고 지역 교회를 위해 생명을 바친다면 그것은 주님의 일을 위해 헌신하는 것입니다. 이건 분명합니다. 그리스도 안에서, 성령 안에서 연합한다는 것은 대단히 중요한 것입니다. 연합이 무엇입니까? 이 연합이 결국은 교단으로 발전하고, 교파로 발전하는 것입니다. 연합 그 자체가 교회는 아닙니다. 그러나 교회를 섬기는 지도자들이 모이고, 그 다음에 지역 교회 전체의 연합을 도모하는 조직으로서의 역할을 하는 것이기 때문에 우리가 조직원으로서의 역할을 감당하는 이 공동체를 남의 일 생각하듯 해서는 안 된다는 것입니다.

느헤미야의 관심은 성벽을 다시 쌓는 것이었습니다. 첫 포로 귀환이 에스라와 함께 이루어진 이후에 100여 년의 세월이 흘렀습니다. 그동안 하나님의 성전은 재건되었지만 성벽은 무너진 채 100여 년 동안 방치되어 있었습니다. 아무도 그 성벽을 쌓으려고 하지 않았습니다. 성벽이 없으니까 재건된 성전은 완전 무방비 상태였고, 이스라엘 백성들은 이 마을 저 마을의 이방인들과 섞여서 세상 사람들과 똑같이 사는 그런 꼴이 되었습니다. 성전을 재건하는 일에 비하면 성벽을 쌓는 일은 사소한 일로 생각하기 쉽습니다. 저도 한때는 느헤미야를 읽으면서 '성전만 재건하면 됐지 성벽 쌓는 게 뭐가 그리 대단해서 느헤미야서를 성경에 끼워 넣었는가?' 하고 생각한 적이 있었습니다. 그러나 느헤미야가 지도자로서 탁월하다는 것이 바로 여기에 있습니다. 그는 다른 사람이 놓치고 넘어가기 쉬운 문제의 핵심을 정확하게 짚는 눈을 가지고 있었습니다.

첫째로, 느헤미야는 성벽을 다시 쌓는 것이 성전을 재건하는 것만큼 중요하다는 것을 꿰뚫어 보았습니다. 성전이 없다면 성벽 쌓는 일은 별 의미가 없습니다. 그러나 성전이 재건된 마당에 성벽을 쌓는 것은 너무나 중요한 의미를 갖습니다. 성벽이 없으면 성전이 보호받을 수가 없기 때문입니다. 밤낮없이 위험과 공격에 그대로 노출되어 있는 셈입니다. 결국 성벽이 없기 때문에 이스라엘 백성들은 이 마을 저 마을에 흩어져 이방 부족들과 동화되는 생활을 했고, 그들의 잡된 종교와 문화에 자기도 모르게 서서히 젖어드는 생활을 하였습니다. 통혼이 자연스럽게 받아들여졌고, 언어가 혼합되었고, 신앙적인 면에서 혼탁해 질대로 혼탁해졌습니다. 즉 선민으로서의 주체성을 지키지 못할 어려움에 빠져 버렸던 것입니다. 그러므로 성벽은 꼭 있어야 하였습니다. 성벽은 적으로부터 성전을 보호할 뿐만 아니라 이방인으로부터의 영향을 차단하고, 상징적이면서도 실제적인 이스라엘 민족의 보호막 역할을 할 수 있었습니다. 이것이 성벽의 의미입니다. 이스라엘 민족의 세속화, 이방화를 내버려 둔다면 성전을 100번 재건해도 아무 소용없는 일입니다. 그들은 또다시 하나님의 심판을 받아 흩어질 위험 앞에 놓이게 될 것입니다. 그러므로 느헤미야는 성벽을 쌓아서 상징적으로 이스라엘 백성을 이방인과 구별하는 것이 중요하고, 하나님의 성전을 지키는 것이 중요하며, 예배와 하나님의 말씀이 혼탁한 세상 물에 더럽혀지지 않도록 보호하는 것이 중요하다는 것을 정확하게 꿰뚫어 본 것입니다.

저는 '갱신'과 '개혁'이라는 말을 구별해서 썼으면 합니다. 기독교에서 말하는 개혁은 교리와 신앙의 문제를 바로 잡는 것이고, 갱신은 교리적인 문제보다 교회의 질적인 문제를 바로잡는 것입니다. 교회의 질적인 문제란 교회의 세속화입니다. 도덕적 위기를 경고하는 일이고, 무력해지는 교회를 바로 세우는 것입니다. 이런 의미에서 성전 재건이 개혁에 해당한다고 한다면, 성벽 재건은 갱신에 해당한다고 볼 수 있습니다. 성전 재건은 하나님 예배와 말씀의 권위를 지키는 데 절대적인 역할을 하는 것이지만, 성벽을 재건하는 것은 세상으로부터 오는 유혹과 공격에서 성경과 하나님 백성의 순수성을 지키는 것이 목적입니다. 따라서 갱신은 교회를 세상으로부터 보호하는 것, 교회와 세상의 차별성을 드러내는 것, 그래서 교회의 영적인 생명과 능력을 잃지 않도록 하는 문제를 다루는 것입니다.

오늘날 한국 교회가 안고 있는 심각한 문제는 교리나 신학적인 문제가 아닙니다. 교회의 질이 문제입니다. 우리는 성직자와 평신도가 세상에 비해 얼마나 그 차별성이 분명한가를 문제 삼는 것입니다. 다시 말해, 정체성이 어느 정도 분명한가 하는 문제를 가지고 고심하는 것입니다.

오늘날 한국 교회는 처절할 정도로 세상에 오염되어 있습니다. 일부 목사나 장로들은 안 믿는 사람보다 더 양심이 바르지 못해 지탄을 받고 있는 것이 현실입니다. 교단 내의 조직마다 코를 찌르는 악취가 풍깁니다. 이유가 무엇이겠습니까? 세속화된 것입니다. 교회의 질이 떨어진 것입니다. 누구를 비판하거나 정죄하기 위해서 이런 말을 하는 것이 아닙니다. 너무나 가슴 아프기에 탄식하는 것입니다.

목사는 강단에서 하나님 나라를 외치는 사람이고, 천당의 화려함과 아름다움과 그 영광을 이야기하면서 세상에서의 고통과 아픔을 위로하는 사역자들입니다. 그럼에도 불구하고 제일 천당에 가기 싫어하는 사람이 목사입니다. 어떻게든 하루라도 더 오래 살려고 발버둥치는 게 목사입니다. 이상하지 않습니까? 그래서인지 흔히 본능하고 신앙하고는 다르다고 합니다. 목사도 본능이 있지 않느냐는 것입니다. 옳은 말입니다. 그러나 교인들은 가끔 빈정거립니다. "우리 목사님, 천국이 그렇게 좋다는데 자기가 먼저 들어가지 왜 그렇게 안 들어가려고 발버둥치는지 모르겠다"고 합니다. 이 말은 목회자들이 이상한 모순을 안고 살고 있다는 것을 의미합니다.

우리가 설교할 때 자주 하는 말이 있습니다. "욕심을 버려라. 하나님의 종들은 물욕을 초월한 사람이요, 명예라는 것은 저 굴러다니는 돌처럼 생각하는 사람들이다. 오직 예수 그리스도 한 분만으로 만족하고 기뻐하는 사람이다. 할렐루야!" 하는 게 목사 아닙니까? 그러면 강단을 내려가서 그 말대로 100%는 살지 못할지라도 흉내라도 내야 할 것 아닙니까? 흉내를 내려면 돈에 대해 욕심을 내지 말아야 하고, 권력에 대해서, 명예에 대해서 초연할 수 있는 여유를 가져야 하지 않습니까? 그런데 단상에서 설교한 것에 비해 단하의 태도는 너무너무 추합니다.

우리 목사들은 마음을 비워야 합니다. 명예에 대해서도, 돈에 대해서도 말입니다.

저는 5년 동안 대학생들을 지도하면서 은혜 받은 대학생들이 어떻게 행동하는지 지켜봤습니다. 1년에 한 번씩 총회를 하는데 회장을 서로 하라고 아우성을 치는 통에 교통 정리하기가 무척 힘들었습니다. 그래서 결국 회장이 되는 사람은 고집이 세지 못한 사람이었습니다. 이런 풍토가 노회장 할 때나 총회장 할 때 나타나면 얼마나 좋겠습니까? 그런데 상황이 거꾸로 가고 세상에서 볼 수 없는 추태가 교단 안에서 벌어지니 이게 무엇을 의미합니까?

오늘날 한국 교회가 질적으로 얼마나 떨어져 있습니까? 아무도 그 밑바닥을 읽을 수가 없습니다. 보통 심각한 게 아닙니다. 그러므로 우리의 관심은 무너진 성벽을 다시 쌓는 것에 있어야 합니다. 온갖 잡된 이방 문화가 막 쏟아져 들어오도록 내버려 두어서는 안 됩니다. 성벽을 쌓아서 차단해야 합니다. 주님의 성전을 보호해야 합니다. 경계선을 그어야 합니다. 두 세계를 분명히 구별시켜야 합니다. 이것이 갱신입니다.

둘째로, 느헤미야는 사람들에게 옳은 일을 할 수 있도록 동기를 부여하는 능력과 열정을 가지고 있었습니다.

느헤미야는 혼자서 모든 일을 하려고 하지 않았습니다. 그리고 자신이 권력을 가진 사람이라고 해서 자신의 명령만 따르라고 강요하지도 않았습니다. 그는 치밀한 계획과 사전 준비를 마친 후, 백성들의 마음에 불을 지르기 시작하였습니다. 느헤미야 2장 17절 말씀을 봅시다.

> "… 우리의 당한 곤경은 너희도 목도하는 바라 예루살렘이 황무하고 성문이 소화되었으니 자, 예루살렘 성을 중건하여 다시 수치를 받지 말자 하고."

이어서 18절에는 느헤미야의 이 말을 듣고 모든 사람들이 마음에 감동을 받아 "일어나 건축하자 하고 모두 힘을 내어 이 선한 일을 하였다"고 기록되어 있습니다.

모든 사람들에게 함께 일할 수 있는 동기부여를 하는 것, 이것이 진정한 리더십입니다.

저는 평신도를 깨운다는 철학을 가지고 목회하는 사람이기 때문에 누구보다도 이 면에 있어서 상당히 강한 신념을 가지고 있습니다. 목회도 혼자하면 안됩니다. 교역자 혼자 뛰는 교회는 별로 소망이 없습니다. 모든 평신도 가운데 훈련받은 자들이 사역자로 세워져서 함께 뛰어야 합니다. 이게 건강한 목회입니다. 목회자는 리더십을 책임지고, 사역은 평신도가 책임지는 것입니다. 목회자가 리더십과 사역을 전부 독차지하고 혼자 뛰겠다고 하는 것은 전부 죽자는 것입니다. 목사는 평신도의 가슴에 주님의 선한 일을 할 수 있도록 동기를 부여하고, 그들을 그리스도의 제자로 세워서 함께 일할 수 있는 사역자로 발굴해야 합니다. 이것이 리더십이고, 목사가 해야 할 일입니다.

마찬가지로 교단의 일이든, 한국 교회의 일이든 독불장군처럼 혼자 하겠다고 하는 사람은 성경이 말하는 건전한 리더십에 대해 기초도 모르는 사람입니다. 교갱협이 참으로 하나님의 손에 쓰임 받기를 원한다면 우리 모두 혼자 뛰겠다는 마음을 버려야 합니다. 우리는 우리 교단과 한국 교회에 있는 많은 건전한 동역자들의 가슴에 함께 뛸 수 있도록 동기를 부여하는데 힘을 합해야 합니다. 이것이 건전한 리더십입니다. 그래서 "우리가 하자!"가 되어야 합니다. "내가 하자"나 "여러분이 하십시오"는 안 됩니다. "우리가 하자!"입니다. "우리가 일어나서 성을 쌓자!"가 되어야 합니다. 이와 같은 분위기와 이와 같은 열정이 모든 교회 성도들, 특히 지도자들의 마음을 사로잡을 때, 우리 한국 교회가 아무리 어려운 상황에 처해 있다 할지라도 성벽은 반드시 올라가게 되어 있습니다.

셋째로, 느헤미야는 반대자들을 다루는 방법을 알고 있었습니다.

느헤미야서를 보면 굉장한 전투가 벌어지는 것을 볼 수 있습니다. 무슨 일이든 선한 일에는 반드시 반대가 따릅니다. 곡식을 심은 논에 가라지가 자라듯 호사다마(好事多魔)의 원리가 항상 따르기 마련입니다.

변화를 거부하는 자들은 변화를 비판합니다. 그들은 변화를 위협이라고 간주합니다. 이런 사람들은 대개가 그 마음이 완고한 사람들입니다. 본능적으로 발전과 성장을 거부합니다.

빌 헐은 전통과 전통주의를 이렇게 구별하였습니다.

"전통은 이 세대에서 다음 세대로 전달되는 거룩한 선조들의 믿음이고, 전통주의는 교권을 유지하려고 하는 지도자들의 죽은 믿음이다."

이처럼 전통주의에 집착하는 사람들이 있으면, 그들은 결국 느헤미야를 반대해서 일어났던 산발랏과 도비야의 역할을 하게 됩니다. 그들은 성벽을 쌓지 못하게 하기 위해 수단과 방법을 가리지 않았습니다. 비웃고, 악성 루머를 터트리고, 위협하고, 정치적인 모략을 하고, 나중에는 선지자들에게 돈까지 먹여 거짓 예언을 하게 합니다.

그러면 이처럼 온갖 수단과 방법을 동원해 성벽을 쌓지 못하도록 방해하는 산발랏과 도비야는 어떤 사람들입니까? 그들은 그 지역에서 오랫동안 기득권을 누려온 정치적, 경제적 실력자들이었습니다. 그들은 성벽이 없음으로 인해 이스라엘 백성들을 마음대로 상대하고, 마음대로 회유하고, 마음대로 유린할 수 있었습니다. 그런데 이제 성벽을 쌓게 되면 이스라엘 백성들과의 밀착 관계에 문제가 생길 게 뻔한 것입니다. 이제 이스라엘 백성들은 성문 닫아 걸고 안식일을 지키고 하나님을 예배하면서 이방인들과의 차별성을 드러낼 것입니다. 그렇게 되면 옛날에 적당히 거짓말을 하면서 주고받던 모든 이해관계가 다 무너져 버립니다. 그러므로 산발랏의 입장에서 볼 때 장사가 깽판이 날 판국이 된 것입니다. 이스라엘 백성들이 영적으로 병이 들면 들수록, 주체성이 희미하면 할수록 산발랏이 유리한 것입니다.

모든 것을 제 마음대로 할 수 있기 때문입니다. 그러나 성벽이 쌓여 이스라엘 백성들의 신앙이 다시 불붙기 시작하면 피해를 보게 되니까 죽자고 성벽 쌓기를 막는 것입니다.

느헤미야는 이런 어려운 상대를 놓고 실제적인 싸움을 벌였습니다. 느헤미야는 이런 반대자들을 아주 지혜롭게 상대하였습니다.

첫째로, 느헤미야는 하나님께 기도함으로써 반대자들을 상대하였습니다.

느헤미야서를 읽다보면 느헤미야가 어려운 일을 만나거나 억울한 누명을 뒤집어 쓸 때마다 간단하게 기도문을 쓰고 넘어가는 것을 볼 수 있습니다. 그는 기도를 통해서 지혜를 얻었습니다. 반대자들의 의중을 미리 읽을 수 있었고, 무엇보다도 반대자들을 두려워하지 않는 용기를 얻을 수 있었습니다. 그리고 그들을 잠잠케 할 수 있는 하나님의 놀라운 지혜와 해답을 얻었습니다.

교갱협을 좋지 않은 눈으로 보는 자들이 없지 않아 있을 것입니다. 조금도 이상한 일이 아닙니다. 반대가 있다는 것은 우리가 바른 일을 하고 있다는 것을 증명하는 것입니다. 우리에게 중요한 것은 우리가 하는 일을 잘 이해를 하지 못해서 우리와 하나 되기를 거부하는 사람들을 성경적으로 어떻게 다룰 것인가 하는 것입니다. 저는 교갱협에 대해서 동의하지 않는 사람들을 모두 산발랏이다, 도비야다라고 칭하고 싶지는 않습니다. 그것은 하나님의 말씀이 아닙니다. 그러나 우리가 갱신을 하자고 할 때 그 갱신의 의도를 잘못 읽고 반대를 한다든지, 비판을 한다든지, 노골적으로 대적을 할 때에는 일단은 영적싸움이 벌어진 것이라고 생각합니다. 그렇기 때문에 그들을 다룰 때 성경이 가르쳐 주는 방법대로 다루어야 합니다. 그 방법이 바로 기도하는 것입니다. 그들을 위해서 기도하고 또 지혜를 달라고 기도하는 것입니다.

느헤미야는 우리에게 무릎 꿇고 싸우라고 권면합니다. 무릎 꿇고 싸우면 힘이 없어 보입니다. 그러나 반드시 그 싸움에서 이깁니다. 느헤미야가 이것을 우리에게 가르쳐줍니다. 기도하는 사람은 침묵해야 할 때를 알고 소리 내어야 할 때를 압니다. 기도하는 사람은 피해야 할 때를 알고 맞서야 할 때를 분별합니다.

둘째로, 느헤미야는 반대자들에게 맞서야 할 때는 당당하게 맞섰습니다.

하나님이 시켜서 성벽을 쌓는데 왜 겁을 내야 합니까? 우리가 두려워해야 할 대상은 하나님뿐입니다. 그리고 우리가 두려워 할 필요가 없는 사람은 하나님을 알면서도 하나님을 두려워하지 않는 사람입니다. 이게 원칙입니다. 느헤미야에게는 이런 소신이 있었습니다. 그러므로 당당하게 맞설 수 있었습니다.

셋째로, 느헤미야는 반대자들을 상대로 절대 포기하지 않았습니다.

비판을 받을 때 우리가 가장 쉽게 빠질 수 있는 유혹은 포기하는 것입니다. 미리 겁을 먹고 손을 터는 것입니다. 다시 한 번 말씀드리지만, 한국 교회가 영적으로 무너지면 개교회가 아무리 잘 되도 소용이 없습니다.

기독교가 천주교에 비해 이미지가 안 좋다는 것은 다 알고 있을 것입니다. 신부들은 유니폼 속에 가려져 있기 때문에 그들 개개인은 노출이 안 됩니다. 그러므로 세상 사람들에게는 신부의 이미지가 얼마든지 좋은 방향으로 인식될 수 있습니다. 그러나 우리는 자기 맘대로 옷 입고 자기 맘대로 행동하지 않습니까? 눈 뜨고 볼 수가 없습니다. 그러니 일반인들이 볼 때는 오죽하겠습니까? 지금도 천주교 신자는 계속 늘어나고 있습니다.

얼마 전 목사 20여 명이 공동 비자를 받아 미국에 가서는 모두 증발해 버렸다고 합니다. 그러니까 미국 대사관에 아무리 서류를 완벽하게 해 가도 비자가 안 나옵니다. 우리 교회 부목사들을 단기 썸머 스쿨에 보내려고 서류를 준비해서 비자를 신청

했더니 서류도 안 보고 웃기만 했다고 합니다. 이런 망신이 어디 있습니까?

하루는 어느 교회의 한 장로님이 저를 찾아와 상담을 하였습니다. 그 교회 장로들의 주된 관심사는 교회 안에서 실권 있는 보직을 갖는 것이랍니다. 선교부나 교육부처럼 도장 가지고 목에 힘 줄 수 있는 그런 자리를 원한다는 것입니다. 그래서 서로 그 자리를 차지하려고 싸우는데, 그 자리가 한정되어 있어 어쩔 수 없이 한 사람에게 주고 나면, 그 자리를 차지하지 못한 장로는 그 때부터 야당이 되어 사사건건 물고 늘어진다고 합니다. 저에게 상담한 장로님은 은퇴를 하신 분인데 어떻게 하면 이 문제를 해결할 수 있느냐고 묻기에 "저도 모르겠습니다"라고 대답하였습니다.

어떻게 하겠습니까? 세상에서 볼 수 없는 추태가 교회 안에서 벌어지고 있는데, 차라리 세상 같으면 어떤 방법이라도 동원해서 기라도 죽이고, 밟아놓기라도 하겠지만, 예수 믿는 사람들, 더욱이 장로들이 그런 일을 하는데 어떻게 치료합니까? 교회마다 그 꼴입니다.

제가 존경하던 한 선배 목사님은 49세에 암으로 소천하셨습니다. 그분이 그 교회에 가서 한 5, 6년 목회하시다가 소천하셨는데, 얼마나 신령한 분인지 모릅니다. 영적으로나 지적으로나 모두 갖춘 지도자였습니다. 하루는 그분이 저더러 "나 시집 잘 못 왔어" 하고 말하기에 무슨 소리인가 했더니, 그 교회의 당회에서 하는 꼴을 보고 하는 소리였습니다. 그러나 이미 늦었는데 어떡합니까? 당회에 들어가면 두, 세 시간씩 장로들이 싸우는 꼴을 구경을 해야 하니 얼마나 기가 막혔겠습니까?

그 싸움 중에 유명한 싸움은 저를 부목사로 올리는 것을 놓고 싸운 것이었습니다. 그 교회는 이북에서 내려 온 사람들이 세운 교회였습니다. 그러나 저는 이남 사람입니다. 교육목사나 교육전도사 때는 괜찮았는데, 정식으로 부목사로 임명하려고 할 때 문제가 된 것입니다. 그 목사님은 "이런 문제를 지역감정 가지고 싸우면 안 된다"고 권면했지만, 대부분의 장로님들이 반대하였습니다. 눈을 뜨고 볼 수 없을 정도로 싸움을 하였습니다. 하지만 그 목사님은 "다른 것은 몰라도 이것만은 절대 양보하지 못한다"고 하시면서 마침내 당신의 뜻을 관철시켰습니다. 그래서 제가 정식으로 부목사가 되어서 2년 반을 섬기다가 결국 나왔습니다.

여러분, 이런 곳이 교회라고 상상을 할 수 있겠습니까? 하지만 이런 일은 오늘날 한국 교회에 비일비재합니다. 그런데 이런 풍토를 보고도 나 몰라라 팔짱을 끼고 있어야겠습니까? 하나님이 우리에게 성벽을 쌓으라고 하시는데 욕먹기 싫고, 싸우기 싫고, 고통을 감수하기 싫어서 나 몰라라 합니까? 참으로 진지하게 생각해야 할 때입니다. 끝까지 포기하지 말아야 합니다.

마지막으로, 느헤미야는 하나님 앞에서 목표가 뚜렷한 지도자였습니다.

느헤미야는 성벽 재건의 최종 목적을 말씀의 부흥에 두었습니다. 때문에 성벽을 다 쌓고, 백성들을 모아 인구 조사를 하였습니다. 과연 하나님의 거룩한 백성들이 누구인가를 확인한 것입니다. 느헤미야는 성벽을 쌓는 것을 어디까지나 하나의 수단이며 길이라고 생각하였습니다. 궁극적인 목적은 100여 년 동안 이방인들과 섞여 살면서 영적으로 말할 수 없이 피폐해진 백성에게 말씀의 부흥의 불길이 일어나도록 하는 데 있었습니다.

느헤미야서 8, 9장을 보면, 성벽을 다 쌓은 다음 느헤미야가 이스라엘 백성이 모인 자리에 에스라를 초청해 놓고 말씀을 듣고 읽게 하는 장면이 나옵니다.

그런데 그 자리에서 놀라운 부흥이 일어났습니다. 말씀을 들은 백성들이 통곡하기도 하고, 기뻐 춤을 추기도 하면서 하나님의 임재를 느끼고, 성령의 감동을 가슴으로 체험하면서 회개하는 역사가 일어났습니다. 그동안 물들어 있던 세상의 모든 더러운 찌꺼기들을 전부 씻어내고, 냄새나는 부분들을 모두 성령의 기름으로 닦아내는 역사가 일어났습니다. 이것이 바로 느헤미야의 목적이었습니다.

교회 갱신이 목적입니까? 교회 갱신이 목적이라면 희망이 없습니다. 교회 갱신은 수단입니다. 교회 갱신이 어느 정도 되고 성벽이 쌓아지면, 하나님께서 말씀의 은혜, 성령의 역사를 교회에 부어 주실 것을 믿어야 합니다.

말씀대로 사는 것과 정치하는 것은 다르다고 생각하는 사람들이 많습니다. "성경적으로 하자"고 하면 순진한 사람 취급하거나, 항상 이중적인 생각으로 머리 굴리며 사는 사람들이 있습니다. 우리가 이런 사람들하고 어떻게 하나님이 일을 하겠습니까? 또 어떻게 그런 풍토에 짓밟혀서 우리의 삶을 보냅니까? 그러므로 말씀의 부흥이 일어나야 합니다. 말씀을 통해서 성령의 바람이 불어야 됩니다. 우리 모두가 다시 새로워져야 합니다. 남 욕할 것 없습니다. 우리도 다 침묵하면서 동조한 사람들이니까 똑같이 냄새나는 사람들입니다. 성벽을 쌓고 말씀의 부흥을 다시 불러오는 것이 일만 교회 운동보다도 우선되어야 하는 것입니다. 세계 선교보다도 앞선다는 사실을 잊지 마시기 바랍니다.

역사를 보십시오. 병든 교회가 그 세대를 책임진 예가 있습니까? 교회 수가 많다고 해서 그 세대를 책임진 예가 있습니까? 일만 교회 운동보다도 더 우선되는 것은 성벽 쌓고 말씀의 부흥을 이루는 것입니다. 세계 선교를 부르짖는 것보다 더 우리에게 우선되는 것은 우리 자신이 세상과 구별되고, 하나님의 말씀의 은혜 앞에서 새로 태어나는 것입니다. 그것만 되면 일만 교회 운동은 소리 지르지 않아도 됩니다. 그것만 되면 세계 선교도 그렇게 요란하게 신경 안 써도 다 됩니다.

반드시 말씀의 부흥이 옵니다. 저는 다니면서 놀라운 일을 많이 봅니다. 1996년 선교한국 집회 때 제가 설교를 하였습니다. 그때 5,500명의 젊은 대학생들이 34, 5도 되는 더위에도 불구하고 월요일부터 토요일까지 밤낮없이 은혜 받으려고 사모하는 모습을 보면서 너무나도 큰 충격을 받았습니다. 이게 무슨 이변입니까? 오늘날 교회 지도자들이 얼마나 잘못되었는가를 놓고 탄식하고 괴로워하는 마당에 한쪽에서 일어나는 이 사건을 보십시오. 거기에 모인 젊은이들은 선교에 헌신하기 위해 모인 사람들입니다. 그들이 복음을 위해 하나님이 가라고 하는 곳이면 여리고와 같은 난공불락의 도성에도 생명 걸고 찾아가겠다고 합니다. 그런 선교 마인드를 가진 젊은이들이 모여서 그렇게 뜨거운 집회를 하고 있는 곳이 한국 교회입니다.

똑똑히 보십시오. 우리는 하나님이 무엇을 하고 계시는가를 보아야 합니다. 코스타 집회를 아십니까? 미국, 일본, 중국, 러시아, 호주, 뉴질랜드 등 각 나라마다 유학생들이 가 있는데, 그

유학생들을 위해서 1년에 한번씩 특별 집회를 여는 것입니다. 많은 목사님들과 강사들이 무보수로, 자기 돈을 써 가면서 집회를 인도합니다. 지난번에 일본에서 집회가 있었는데, 950명이 모여 얼마나 뜨겁게 기도하는지 큰 충격을 받았습니다.

어떻게 이런 일이 일어날 수 있습니까? 교회가 오늘날 이만큼 세속화되고, 힘을 잃어버리고, 지도자들이 동서남북을 가리지 못하고 우왕좌왕하는 이런 형편에 도무지 이해할 수 없는 이변이 일어나고 있는 이유가 무엇입니까? 이것은 하나님이 한국 교회에 대해서 소망을 잃지 않고 계시다는 증거입니다. 하나님은 한국 교회에 꿈을 갖고 계십니다. 저는 하나님께서 온 세계를 복음화 시키기 위한 큰 계획 속에 한국 교회를 두고 계신다는 것을 느낍니다. 그런 계획이 없다면 이런 이변이 일어날 수가 없습니다.

이처럼 하나님은 꿈을 가지고 오늘도 젊은이들의 가슴에 불을 지피고 계시는데, 교회 지도자들이라는 사람들이 안일한 생각을 가지고 이 시대를 그냥 흘려보내면 다음 세대 앞에 얼굴을 들 수 없는 죄를 범하는 것이라고 생각합니다.

큰 교회를 하든, 작은 교회를 하든 우리는 한국 교회의 지도자들입니다. 그러므로 느헤미야를 통해서 진정한 리더십을 분명히 배워야 합니다. 배우고 하나가 되어야 합니다. 그래서 우리 앞에 놓여 있는 반대와 방해를 무릅쓰고 성벽을 쌓아 하나님 백성들의 거룩함을 다시 회복시켜야 합니다. 우리는 하나님의 새로운 역사가 한국 교회에 일어날 수 있도록 밑거름이 되어야 합니다. 하나님이 우리에게 이와 같은 은혜를 주시기를 간절히 바랍니다.

성령을 주시지 않겠느냐

교회갱신을 위한 목회자협의회 영성수련회(1997. 8. 26)

"예수께서 한 곳에서 기도하시고 마치시매 제자 중 하나가 여짜오되 주여 요한이 자기 제자들에게 기도를 가르친 것과 같이 우리에게도 가르쳐 주옵소서 예수께서 이르시되 너희는 기도할 때에 이렇게 하라 아버지여 이름이 거룩히 여김을 받으시오며 나라이 임하옵시며 우리에게 날마다 일용할 양식을 주옵시고 우리가 우리에게 죄 지은 모든 사람을 용서하오니 우리 죄도 사하여 주옵시고 우리를 시험에 들게 하지 마옵소서 하라 또 이르시되 너희 중에 누가 벗이 있는데 밤중에 그에게 가서 말하기를 벗이여 떡 세 덩이를 내게 빌리라 내 벗이 여행 중에 내게 왔으나 내가 먹일 것이 없노라 하면 저가 안에서 대답하여 이르되 나를 괴롭게 하지 말라 문이 이미 닫혔고 아이들이 나와 함께 침소에 누웠으니 일어나 네게 줄 수가 없노라 하겠느냐 내가 너희에게 말하노니 비록 벗 됨을 인하여서는 일어나 주지 아니할지라도 그 강청함을 인하여 일어나 그 소용대로 주리라 내가 또 너희에게 이르노니 구하라 그러면 너희에게 주실 것이요 찾으라 그러면 찾을 것이요 문을 두드리라 그러면 너희에게 열릴 것이니 구하는 이마다 받을 것이요 찾는 이가 찾을 것이요 두드리는 이에게 열릴 것이니라 너희 중에 아비 된 자 누가 아들이 생선을 달라 하면 생선 대신에 뱀을 주며 알을 달라 하면 전갈을 주겠느냐 너희가 악할지라도 좋은 것을 자식에게 줄 줄 알거든 하물며 너희 천부께서 구하는 자에게 성령을 주시지 않겠느냐 하시니라"(눅 11:1~13).

성령을 다 아는 사람은 아무도 없습니다. 우리가 성령에 대한 몇 권의 책을 읽었다고 해서 성령에 대해 다 아는 것처럼 여긴다면 그것은 큰 오산입니다. 사람들끼리 10년을 사귀어도 그 사람에 대해서 잘 모릅니다. 제가 부부 생활을 30년을 해 왔지만 아직도 집사람에 대해 모르는 부분이 많습니다. 이처럼 모든 것을 다 아는 것처럼 여겨지는 사람에 대해서도 모르는 것이 많은데, 하물며 하나님이시요, 영이시요, 완전한 인격이신 성령을 우리가 다 알고 있다고 하는 것은 크나큰 교만입니다.

만약, 하나님께서 종이와 펜을 주시면서 "속히 응답받았으면 하는 기도제목이 있으면 한 가지만 적으라"고 하신다면 무엇을 쓰시렵니까? 사람마다 소원하는 내용이 다를 수 있습니다. 이러하기도 하고 저러하기도 할 것입니다. 그러나 한 가지 공통점이 있을 것입니다. 그것은 가장 절실한 것, 가장 시급한 것, 밤낮 사모하는 것을 쓸 것입니다.

여리고 성의 소경 바디메오는 자나 깨나 생각하고 바라는 것이 있었는데, 그것은 '보는 것'이었습니다. 그러므로 주께서 "내가 무엇을 하여 주기를 원하느냐?"고 하였을 때, 대뜸 "오! 주여! 보기를 원하나이다" 하고 말하였습니다(눅 18:41).

만약 하나님이 저에게 물으신다면, 저는 두말하지 않고 "오, 주여! 성령을 주옵소서! 성령으로 충만케 해 주옵소서!" 하고 말할 것입니다.

저는 우리 동역자 여러분들이 다 이와 같은 기도 제목을 하나님께 내놓아야 한다고 생각합니다. 영적으로 진단할 때 우리 한국 교회, 특히 우리 사역자들한테 성령 충만 만큼 절실한 기도 제목은 없습니다. 저는 매일매일 그것을 느낍니다. 겉으로 보면 성령 충만한 사람입니다. 겉으로 보면 경건합니다. 겉으로 보면 조금도 어떤 문제가 없는 것같이 보입니다. 그러나 조금만 헤집고 들어가보면 너무나 많은 영적인 문제와 질병을 안고 시름하는 사역자들이 많은 것을 봅니다. 힘을 잃어버린 것입니다.

저에게는 특별히 성령 충만하게 해 달라고 하나님께 부르짖고, 매달려야겠다고 생각하게 된 동기가 있습니다.

누구나 다 사역을 하다보면 영적 침체기가 찾아옵니다. 저는 1989년부터 1993년까지 영적 침체기에 깊이 빠졌다가 하나님께 호되게 매를 맞았습니다. 얼마나 호되게 매를 맞았는지 그 내용을 다 이야기하려면 아마 시간이 모자랄 것입니다.

저는 자식이 아버지한테 매를 맞을 때 "아버지, 용서해 주세요" 하고 별별 떨면서 빌듯이 그렇게 빌었지만 하나님의 채찍은 멈추지 않았습니다. 그러면서 저의 사역을 깊이 들여다보고 울기도 하고 탄식도 하였습니다. 그러다가 미국 모 신학교의 저명한 교수이자 목회자였던 어느 목사님의 글을 읽으면서 제 심장이 찢어지는 듯한 고통을 느끼기 시작하였습니다. 위기감을 느꼈습니다. 눈물을 억제할 수가 없어서 그냥 막 울었습니다. 그 분은 저처럼 성경을 열심히 가르치는 목사였습니다. 성도를 말씀의 진리 위에 굳건히 세우는 데 정성을 쏟았습니다. 상당히 좋은 성과를 거둔 성공적인 지도자였다고 말할 수 있습니다. 그러나 그는 자기의 목회와 교회를 놓고 이렇게 진단을 내리고 있었습니다.

"해를 거듭할수록 나는 나의 설교를 충실히 듣고 성경공부를 열심히 하고 있는 교인들의 삶에 뚜렷한 변화가 없는 것을 볼 수 있었다. 영적으로 침체된 사람들은 거기서 헤어나지 못하고 있었다. 집을 비우고 돌아다니는 사람들은 계속 세상적인 것에 정신이 팔려 있었고, 환자들은 약을 쓰지 않으면 낫지 않았다. 다른 사람을 전도하기가 너무 힘들었고, 신경질환을 앓고 있는 사람들은 상담자의 장기 치료를 받는 것 말고는 회복의 기미가 보이지 않았다. 살아계신 하나님의 자녀들이 이렇게 김빠지고 능력 없는 삶을 살아야 한다는 것은 용납할 수가 없는 일이었다. 왜 우리가 이토록 적은 능력만 가지고 있어야 하는가?"

저는 이 글을 읽으면서 우리 교회의 영적 상태를 적나라하게 보는 것 같았고, 치부를 드러내는 것 같은 고통을 맛보았습니다.

'왜 사역자들은 자주 영적으로 갈증을 느끼는 걸까? 왜 평신도 지도자들은 뜨겁게 일하다가도 금방 시들해져 버리는가? 왜 환자들은 늘어만 갈까? 또 교회 바로 앞의 유흥가는 왜 갈수록 더 번창하고, 사랑의교회가 여기 있음으로 해서 유흥가가 달라졌다는 기미는 왜 10년이 지나도 보이지 않는 걸까? 왜 나는 하나님이 엄청나게 부어 주시는 축복을 받았음에도 불구하고, 영적으로 이렇게 침체되어 결국에는 매까지 맞고, 헤어나지 못하는 고통 속에서 수년을 시름해야 하는가? 이것이 하나님의 능력이요, 이것이 오늘날 하나님께서 교회를 통해서 바라시는 것인가?'

저는 이런 생각을 하면서 많이 괴로워하였습니다. 너무너무 괴로웠습니다.

그래서 저는 성령 운동으로 유명한 한 목사님을 찾았습니다. 전화해서 좀 만나자고 하였더니 그 바쁜 양반이 토요일에 특별히 시간을 내서 저를 만났습니다. 한 서너 시간을 같이 이야기하였는데, 저는 제 사역의 허와 실, 장로교 목사의 허와 실, 이런 것들을 솔직히 털어 놓았습니다. 허점이고, 허상이라고 할 수 있는 부분을 솔직히 고백하였습니다.

"목사님, 목사님은 성령에 대해서 특히 많은 은혜를 받으시지 않았습니까? 어째서 제 영혼이 이렇게 자주 침체되는 걸까요? 왜 우리 교회 평신도 지도자들은 뜨겁게 일하다가도 자주 슬럼프에 빠지는 걸까요? 비유를 들자면, 저는 평신도 지도자들이 영적으로 어려움을 당하면, 그들 가슴속에 성령의 불길을 새롭게 지피기 위해 아궁이 앞에서 엉덩이를 하늘로 치켜들고 '후후' 불어대는 농부와 같습니다. 그래서 그 꺼져가는 불꽃을 꺼트리지 않으려고 몸부림치는 사람처럼 느껴질 때가 있습니다. 목사님은 목회하면서 그런 거 느끼신 적 없습니까?"

저는 제가 이렇게 저의 허물을 드러내 놓고 이야기를 하면 그분도 그런 자세로 나오리라고 생각을 하였습니다. 왜냐하면 성령 운동하시는 분들의 허와 실을 제가 너무도 잘 알고 있기 때문입니다. 그런데, 그분은 뭐라고 하는가 하면, "아니, 옥 목사님, 그러세요? 저는 정반대예요. 우리 교회 평신도 지도자들은 어찌나 뜨거운지, 제가 할 일은 날마다 물통에 물을 잔뜩 담아 가지고 다니면서 끼얹는 거예요. 너무 뜨거워지지 말라고요."

그러니 게임이 안 되는 것입니다. 나는 지금 불이 꺼질까 싶어서 엉덩이를 하늘로 치켜들고 후후 불어대는 목사라는데, 자기는 불이 너무 뜨겁게 붙어서 날마다 물통을 들고 다니며 물을 끼얹는 사람이라니, 무슨 대화가 되겠습니까? 공통점이 아예 없지 않습니까? 그래서 속에서 뭐가 푹푹 일어나는데, 그래도 '하나님께서 저에게 뭔가 깊이 깨달으라고 이런 말씀을 하게 하시는구나' 하고는 그 말씀을 접어두고 사적으로 여러 가지 이야기들을 하였습니다. 그리고 둘이 함께 손을 잡고 기도하였습니다.

여러분에게는 이와 같은 영적인 갈등이 없습니까? 성령에 대한 간절한 사모함이 없습니까? "이래서는 안 됩니다. 주님, 제발 살려주옵소서!" 하는 절규가 여러분의 가슴속에는 없으십니까? 장로교 목사는 그것이 없어도 됩니까? 우리가 성령의 은혜를 다시 한 번 알고, 그 은혜 속에 흠뻑 젖어야 하는 이유는 목회상의 문제 때문만이 아닙니다. 개인적으로 우리 자신을 돌아보아도 그렇습니다. 혹 죄인 줄 알면서도 어떤 죄를 계속 범하고 있지 않습니까? 그러면 당신은 성령을 받아야 합니다. 마음은 원이로되 육신이 약하여 순종할 수 없는 것이 있습니까? 그러면 당신은 성령을 받아야 합니다. 예배가 지겹습니까? 찬양하고 감사하는 기쁨이 없습니까? 그러면 당신은 성령을 받아야 합니다. 말씀 듣기가 힘듭니까? 강단에 서서 전하기는 쉬워도

앉아서 듣기가 지겹습니까? 입이 무거워서 기도가 잘 안됩니까? 그러면 당신은 성령을 받아야 됩니다. 열심히 봉사하지만 심령이 답답하고 갈급합니까? 그러면 당신은 성령을 받아야 합니다. 아무리 가르치고 아무리 애를 써도 열매가 별로 안 보입니까? 그러면 성령을 받아야 합니다. 전도가 힘듭니까? 죽어가는 영혼들을 향해서 안타까운 심령이 타오르지 않습니까? 그러면 성령 받아야 합니다. 여러분의 목회가 건강하지 못합니까? 10년, 20년 씨름해도 교회가 병들어 있습니까? 성령을 받아야 합니다. 이유 여하를 막론하고 성령을 받아야 합니다.

성령은 우리의 힘과 노력으로 안되는 일을 해 내시는 하나님의 신비한 능력입니다. 성령은 에스겔 골짜기에 흩어져 있는 마른 뼈들을 일으켜 세웠습니다. 성령은 세 번이나 예수를 부인하였던 베드로를 세상이 감당할 수 없는 부활의 증인으로 일으켜 세웠습니다. 그러므로 우리는 성령을 받아야 합니다.

누가복음 11장 1절부터 13절까지는 우리가 너무나 잘 아는 말씀입니다. 저는 오랫동안 이 말씀에 대한 실제적인 의미를 곡해하고 있었습니다. '믿는 자는 이미 성령 받았는데 뭘 또 성령 받아야 한다고 하는가?' 저는 한동안 이렇게 생각하였던 사람입니다. 제가 몸담고 있고, 여러분이 몸담고 있는 장로교의 신학이 그렇습니다. 사실 성령 달라고 기도하면 신학적으로 좀 유치

한 것처럼 보는 풍토가 우리 내면에 깔려 있었습니다.

> "너희가 악할 지라도 좋은 것을 자식에게 줄 줄 알거든 하물며 너희 천부께서 구하는 자에게 성령을 주시지 않겠느냐"(눅 11:13).

저는 이 말씀을 놓고 여러 주석을 찾아보았습니다. 우리가 참고하는 주석은 대부분이 개혁 신학을 배경으로 한 학자들이 쓴 주석이 아닙니까? 그런데 누가복음 11장 1절부터 13절까지에 대한 주석이 대부분 구하고, 찾고, 두드리는 것에 대해서만 설명을 하고 있을 뿐, 하나님께서 무엇보다 성령 주시기를 원하신다는 것에 대해서는 설명을 하지 않은 것을 볼 수 있었습니다. 심지어 개혁 신학의 원조라고 할 수 있는 칼뱅 자신도 13절 말씀을 해석하면서 성령에 대해서는 거의 언급을 하지 않고 넘어갔습니다. 그래서 우리도 이 말씀을 적당히 넘겨 왔습니다.

그러나 이 구절을 좀 냉정하게 살펴보면, 이 말씀은 오순절 성령 강림을 두고 하신 말씀이 아닙니다. 오순절 성령 강림은 간청해서 얻은 응답이 아닙니다. 120문도가 간절히 부르짖고 구하였기 때문에 그 공로로 얻은 것이 아닙니다. 오순절 성령 강림은 선하신 우리 주님의 약속에 의해서 임하신 것입니다. 오직 제자들은 기도하는 마음으로 기다린 것 뿐입니다.

예수님은 "내가 전에 일러 준 아버지의 약속을 기다리라"고 말씀하셨습니다(행 1:4). 그러므로 그 약속으로 임하신 성령이지 간구하고 간청하고 두드려서 얻은 성령이 아닌 것입니다. 만일 "구하는 자에게 성령을 주시지 않겠느냐"는 말씀을 오순절 성령 강림에 포커스를 맞추어 해석을 한다면, 이 말씀은 이미 시효가 끝난 말씀입니다. 왜냐하면 이미 오순절에 성령께서 임하셨기 때문입니다. 그리고 이 말씀이 시효가 끝났다면 1절부터 13절 말씀 전체가 시효가 끝난 것입니다. 우리는 신학적으로 그 사실은 분명히 믿습니다. 오순절 사건은 반복되지 않습니다. 그것은 일회성의 사건입니다. 예수님이 성육신을 두 번 세 번 반복하실 필요가 없는 것처럼, 성령께서 세상에 임하시는 것 또한 반복하실 필요가 없습니다. 우리는 그것을 믿습니다. 그것은 하나님의 특별한 계획입니다. 그러므로 성령은 교회 안에 거하십니다. 우리 마음에 거하십니다. 우리는 성령을 모시고 사는 성령의 전입니다. 이 성령은 세상 끝날까지 떠나지 아니할 것입니다. 이것은 하나님의 진리입니다. 우리의 신앙고백입니다. 그렇다고 해서 "너희 천부께서 구하는 자에게 성령을 주시지 않겠느냐"는 이 하나님의 약속을 바라볼 필요가 없다고 한다면 아마 엄청나게 손해를 볼 것입니다. 불행하게도 장로교가 이 말씀을 어딘가 모르게 오해한 것 때문에 지금까지 많은 손해를 보아 왔다고 생각합니다.

성령은 임하셨지만 "성령을 주시옵소서" 하는 기도는 끝나지 않았습니다. 그렇기 때문에 하나님이 이 말씀을 주신 것입니다. 우리가 목회하면서 잘 알고 있는 사실이지 않습니까? 힘으로도 안 되고, 능력으로도 안 됩니다. 제자훈련 2년 동안 소그룹에 앉혀 놓고 씨름을 해도 안 되는 것은 안 되더라구요. 방법론을 동원해도 안 되고, 원리와 이론을 아무리 귀 아프도록 떠들어도 안 됩니다. 안 되는 영역이 목회에 너무나 많습니다. 그야말로 목사가 지쳐서 쓰러질 정도로 일을 해도 사람의 힘으로 안 되는 것은 안 됩니다.

이와 같이 사람의 힘이나 능력으로 안 되는 것을 처리해 주시는 분이 성령이라고 한다면 어떻게 성령을 달라는 기도가 안 나오겠습니까? 만약 목회에 자신이 있으면 이 기도가 필요 없을 것입니다. 그러나 저와 같이 자신이 없다고 판단한 사람은 하나님께서 "너, 무얼 원하느냐?" 하시면 두말 않고 "성령 주옵소서!" 할 것입니다.

추운 겨울밤에 갑자기 난방이 꺼졌다고 합시다. 그날 밤에 가장 시급한 것이 뭡니까? 다시 난방이 들어오는 것입니다. 난방이 들어올 때까지 그 추운 밤을 오들오들 떨고 앉아 있는 식구들에게는 난방이 들어오는 것 이상 중요한 것이 없습니다. 마찬

가지로 오늘날 우리 목회 현실을 보면 성령을 받는 것 이상 우리에게 절실한 문제는 없다고 생각합니다.

본문 말씀을 좀더 살펴봅시다. 우리는 본문 말씀에서 몇 가지 중요한 사실을 발견할 수 있습니다.

첫째로, 하나님께서 당신의 자녀들에게 가장 주고 싶어 하는 선물이 성령이라는 것입니다.

하나님은 우리에게 무엇보다도 성령을 주시기를 원하십니다. 저는 목회를 하면서 이것을 자주 체험합니다. 그리고 하나님이 가장 좋아하는 기도도 성령 충만케 해 달라고 하는 기도입니다. 하나님은 이 기도를 참 좋아하십니다. 저는 이 사실을 경험으로 믿습니다.

둘째로, 성령 안에 좋은 것이 다 들어 있다는 것입니다.

마태복음 7장 11절과 본문 말씀을 비교해 보면, 본문에서는 "성령을 주시지 않겠느냐"고 말씀하셨는데, 마태복음 7장 11절에는 "하늘에 계신 너희 아버지께서 구하는 자에게 좋은 것을 주시지 않겠느냐" 하고 말씀하시는 것을 볼 수 있습니다. 이것은 다시 말해, 성령 안에 좋은 것이 다 들어 있다는 말입니다. 성령 충만하면 평소에 달라고 하던 것들을 달라고 할 필요가 없어지는 경우가 참 많습니다.

평소에 "주님, 답답해 죽겠습니다. 제 마음에 기쁨을 주옵소서! 왜 마음이 시원하지 않습니까?" 하고 기도하던 사람이 성령의 은혜만 받으면 그 기도가 사라집니다. 성령이 오셔서 그 마음에 기쁨을 주시기 때문입니다. 그 마음에 막혔던 것을 뻥 뚫어 주시니까 그 기도가 달라지는 것입니다. 그러니 성령 안에 좋은 것이 다 들어 있는 것입니다.

또 평소에 "주님! 제 남편이 왜 저렇습니까? 왜 그렇게 저를 괴롭힙니까? 주님, 제 남편 고쳐 주옵소서!" 하던 부인이 성령 충만을 받으면 남편을 보는 눈이 확 달라집니다. 오히려 자신의 잘못을 깨닫고 성령 충만한 부인이 되어 남편을 참 그리스도의 사랑으로 받들어 주고, 남편이 좀 기분 나쁘게 해도 마음 상하지 않습니다. 그리고 남편을 고쳐 달라고 기도도 하지 않게 됩니다.

성령 안에 기도의 응답이 다 들어있습니다. 성령 충만하면 우리의 기도가 참 단순해집니다. 복잡하던 기도가 단순해집니다. 왜냐하면 내가 복잡하다고 생각하던 것들이 다 해결되어 버리기 때문입니다.

목사들도 마찬가지입니다. "주여, 우리 당회가 왜 이렇습니까? 장로들을 고쳐 주옵소서!" 하던 기도가 성령 충만하면 사라져 버립니다. 성령을 통해서 주의 은혜가 흘러넘치면 당회원들에게 감염되지 않습니까? 그러면 인간관계가 달라지고, 보는 눈이 달라지기 때문에 과거의 문제가 다시는 문제로 남아 있지 않게 됩니다. 이 얼마나 좋습니까? 그러니 어떻게 성령 달라고 기도 하지 않겠습니까. 여기에 무슨 신학이 있고 여기에 무슨 교회 전통이 있습니까? 하나님이 주신다고 약속하셨는데, 구하기만 하면 주신다고 하셨는데 왜 안 주시겠냐는 말입니다.

셋째로, 성령은 아무에게나 주시는 것이 아니라 구하는 자에게 주신다는 사실입니다.

특별히 여기서 구한다는 말은 강청한다는 뜻입니다. 강청한다는 것은 귀찮을 정도로 못살게 군다는 말입니다. 그래서 예수님이 비유까지 들어서 우리가 알아듣도록 설명하셨습니다. 불행하게도 우리는 기도는 하되 강청하는 기도를 하지 못해서 많은 손해를 봅니다. 목회를 하다 보면 결혼식 주례 요청을 참 많이 받게 됩니다. 그런데 담임 목사가 결혼식 주례를 다 해 줍니까? 못해 줍니다. 해 주면 선물도 가지고 오고 어떤 때는 봉투도 가져다 주니까 수입이 좋긴 하지만 할 수가 없습니다. 그래서 저는 부교역자들에게 80% 이상을 맡깁니다. "네가 좋아하는 부교역자, 네가 존경하는 부교역자보고 해달라고 그래라" 그러면 대부분이 수긍을 하고 듣습니다.

그런데 가끔 목숨 걸고 매달리는 사람이 있습니다. "목사님, 저는 목사님을 사랑합니다. 저는 목사님이 제 결혼에 축복 안

해 주시면 저 결혼 안 할래요" 합니다. 그래서 한 번 거절하면, 일주일 후에 또 달려옵니다. "목사님, 저희 집안은 안 믿습니다. 그날 저희 부모님이 오십니다. 목사님이 주례해 주시면 저희 부모님도 감동받으실 거예요. 그러면 제가 전도하기가 쉽습니다. 목사님, 꼭 해 주세요. 목사님이 혹 바쁘시면 겨울이든 여름이든 좋으니까 목사님 시간 있으신 때에 맞춰 결혼하도록 하겠습니다." 이렇게 매달리는 사람은 감당할 수가 없습니다. 해 줘야지요. 별 도리가 없습니다. 그래서 할 수 없이 강청하고 귀찮게 하는 것 때문에 감동을 받아 주례해 준 것이 아마 10건은 될 것입니다.

저는 그런 일을 겪으면서 '아, 하나님이 이것을 놓고 말씀하시는구나!' 하고 깨닫습니다. 그런데 결혼식 주례를 청하러 왔다가 제가 스케줄을 내놓고 "자매님, 아무래도 안 되겠습니다. 스케줄 좀 보세요. 제가 해드리기 싫어서가 아니라, 제 형편이 이러니까 자매님이 양해하시고 우리 부교역자 중에 어느 분이든지 주례를 해달라고 부탁하세요" 하면, "제가 목사님을 위해 드리지 않으면 누가 위해 드리겠습니까? 목사님, 알겠습니다" 하고 간다고 합시다. 얼마나 고마운 사람입니까? 하지만 만약 그런 식으로 기도를 한다면 늘 똑같은 결과만 있을 것입니다. "하나님을 너무 귀찮게 하면 하나님도 불편하실 테니까 딱 한

번만 구하고 대답이 없으시면 하나님이 안 주시는 걸로 알겠습니다" 하고는 응답이 없으면 다시는 그 기도를 안 한다면 하나님께서 기뻐하시겠습니까?

본문 말씀을 보면 그것이 아닙니다. 하나님은 우리더러 "귀찮도록 달라고 해라. 특별히 성령에 대해서는 그렇게 해라" 하고 말씀하시는데, 우리가 왜 자꾸 얌전을 떱니까? 하나님을 위해서 그러는 것입니까? 하나님을 사랑하기 때문에 봐 주는 것입니까?

하나님께서 그러십니다. "너희가 악할지라도 좋은 것을 자식에게 줄 줄 알거든 하물며 너희 천부께서 구하는 자에게 성령을 주시지 않겠느냐." 이렇게 말씀하시는데 왜 그렇게 얌전을 떱니까? 구해야 합니다.

"전 세계적으로 보면, 약 8억이 넘는 그리스도인들은 하나님이 귀찮아하실 정도로 집요하게 성령 달라고 소리소리 질러서, 그래도 성령 충만이 무엇인지 아는데, 나머지 10억은 너무 점잖아서 성령 달라고 매달리지 않은 까닭에 그 심령이 식어 있고 그 삶에 힘이 없다"고 말한 사람이 있습니다. 아마 그 10억 중에 한국 장로교도 포함되어 있는지 모르겠습니다.

「Christianity Today」라는 잡지에 미국 주류 교단의 쇠퇴와 부흥이 수치화되어 실린 적이 있습니다. 그 자료를 보면 1978

년부터 1993년까지 약 15년 동안 장로교는 17.9%가 감소되었고, 어느 교단은 25%나 감소된 곳도 있었습니다. 그런데 놀라운 것은 오순절 계통의 교회는 530%가 성장하였습니다.

오순절 계통 사람들의 특징이 무엇입니까? 성령 달라고 기도하는 데 둘째가라면 서러워할 사람들입니다. 이것이 특징입니다. 우리는 한동안 그 사람들을 조소하면서 "무식해서 저런다"고 하였습니다. 그러나 한 3, 40년 세월이 흐르고 보니 우리는 그들로부터 성령에 대해 배워야 할 처지가 되어버렸습니다. '집요하게 구하면, 하나님께서 주시는 은혜가 바로 성령이구나' 하는 것을 우리가 배워야 하는 것입니다.

지금까지 우리는 합리주의의 영향을 받아 왔기 때문에 21세기도 합리주의의 세상이 될 줄 아는데 안타깝게도 아닙니다. 벌써부터 교회 안에 다음 세대를 통해서 무서운 힘으로 밀고 들어오는 게 있습니다. 바로 영성과 감정과 체험이라는 것입니다. 성경의 진리를 납득하고 깨달을 정도로 설명해 가지고는 이제 안 통합니다. 한참 동안 하나님은 살아 계시고, 하나님은 유일하신 신이라는 것을 성경적으로 설명하면 그 다음에 무슨 질문이 나오는 줄 아십니까? "그래서 어쨌다는 것입니까?"입니다. 자기에게 어떤 감동이 없으면 소용이 없습니다. 그것이 옳으냐, 그르냐에는 별 흥미가 없습니다. 자기에게 강한 무엇인가 와 닿을 때 "아!" 하고 반응하는 것이 지금의 신세대요, 앞으로 여러분의 목회 현장에서 일어나게 될 많은 현상입니다. "IQ가 EQ로 바뀌고 있다"는 말이 어느 학자가 실없이 던진 소리인 줄 아십니까? 잘못하면 장로교는 점점 침체될 수 있는 위기에 처하게 될 수 있습니다. 장로교는 지성이 앞서는 교단입니다. 합리주의적인 사고에 바탕을 둔 교단입니다. 성경을 합리적으로 잘 설명해서 "아, 그렇구나!" 하면 그것이 은혜인 줄 알고, 그렇게 깨달은 그것이 바로 성령의 감동인 줄 알고 그 다음에는 아무 상관을 하지 않습니다. 그것이 그 사람의 감정에 어떤 불을 질렀느냐, 그 사람의 삶에 어떤 역사를 일으켰느냐 하는 것에 대해서는 별로 신경을 안 쓰는 것이 장로교를 지배하였던 합리주의의 성향이었던 것입니다. 그러나 참으로 우리 앞에 오는 세대가 영성과 감정과 체험을 앞세우는 세대라고 한다면, 감동과 체험과 새로워짐이 계속해서 사람들에게 증거되는 성령의 운동은 더 발전할 수밖에 없습니다.

그러므로 우리가 먼저 정신 차려야 합니다. 하나님은 이 세상에 악한 친구보다 못한 분이 아니십니다. 문을 두드리는 친구에게 귀찮아서 떡을 내어 주는 그 정도의 하나님이 아니신 것입니다. 하나님은 귀찮아서 자녀에게 할 수 없이 주는 그런 악한 아비와 같은 분이 아니십니다. 하나님은 우리에게 좋은 것 주시기를 원하십니다. 부스러기라도 얻겠다고 주님 앞에 무릎 꿇고 소원하던 어느 여인처럼 간절하게 소원하면, 하던 일 멈추고 돌아서서 "여자여 네 믿음이 크도다" 하시고 그냥 쏟아 부어 주시는 좋으신 분이십니다. 그런 하나님 앞에 성령 달라고 하는 것은 부끄러운 일도 아니고, 잘못된 신학도 아닙니다. 너무나 당연한 기도인데 우리가 왜 구하지 않습니까? 저는 "구하라, 찾으라, 두드리라" 이것을 세 가지 기도라고 해석하지 않습니다. 본문 전체의 흐름을 보면, 이것은 세 가지 기도를 말하는 것이 아니라, 강청하는 기도를 세 번 반복해서 강조하는 것입니다. 강청이 무엇인지를 강조하는 것입니다. 점잖게 구해서 안 되면 막무가내로 찾는 사람처럼 하나님 앞에 매달리라는 말입니다. 그것도 안 되면 꽝꽝 두드리면서 발로 차면서 떼를 쓰는 어린애처럼 그렇게 기도하는 게 강청이라는 것을 우리 주님께서 가르쳐 주시는 것입니다. 성령을 달라고 하는 사람은 이와 같은 집요함이 있어야 한다는 이야기입니다.

우리는 이런 면에서 많이 뒤져 있습니다. 제가 아는 오순절 계통의 성도들을 보면 확실히 다릅니다. 장로교 신자들처럼 말만 많은 사람들이 별로 없습니다. 머리만 크고, 아는 체하고, 거드름 피우는 사람이 없습니다. "성령 주시옵소서!" 하고 시시때때로 하나님 앞에 매달리고, 또 하나님께서는 그들에게 그만큼 채워 주시니까 성령 충만한 사람은 다른 것입니다.

제가 명성훈 목사님 설교를 듣다가 재미있는 개구리 우화를 들었기에 옮겨 봅니다.

개구리 두 마리가 우유 통에 빠졌답니다. 그 개구리들은 이제 사느냐 죽느냐의 기로에 놓였습니다. 그런데 한 개구리는 "어떻게 여기 빠져 가지고 재수 없게 죽게 되었는고" 하고 절망하고는 네 다리 쭉 뻗고 죽어버렸습니다. 그러나 다른 한 개구리는 "아니야, 나는 살아야 돼" 하고는 막 헤집고 돌아다녔답니다. 이 개구리가 바로 성령 충만한 개구리입니다. 그 성령 충만한 개구리는 밤새도록 막 헤집고 다녔는데, 그만 밤사이에 우유가 굳어 치즈가 되어서 통 밖으로 펄쩍 뛰어나왔다고 합니다. 그래서 '그 말이 옳다' 하고 생각하였습니다.

장로교 신자들은 그런 배짱이 없고 그런 기질이 약합니다. 그런데 성령 충만함을 체험한 사람들은 어떤 상황 속에 빠지든지 간에 "내 팔자가 왜 이러가?" 하고 다리 쭉 뻗고 죽는 사람이 아닙니다. "주님, 이래서는 안 돼요! 도와주세요. 주님, 믿습니다! 믿습니다!" 하고 발악을 하니까 우유가 치즈로 바뀌는 그런 체험을 하는 것입니다.

여러분, 그렇게 하는 과정을 통해서 영적으로 체험하는 것입니다. 그것이 감동이 되는 것입니다. 그러다 보니 생각이 달라지고, "하나님이 내게도 응답하셨다" 하고 큰소리를 치는 사람이 되는 것입니다. 그러면 눈빛이 반짝반짝 하고 달라집니다. 우리에게 앞으로 그런 시대가 온다는 것입니다. 그런 것이라도 무언가 하나 주는 목회가 살아남지, 고상한 설교로 사람들의 머리만 잔뜩 만족시켜 주는 그런 목회 가지고는 앞으로 성공할 수 없습니다. 그러므로 우리 목회를 위해서라도 어찌 주님께 성령 달라고 하지 않겠느냐 그 말입니다.

그러나 성령은 한 가지 형태로만 역사하시지 않습니다. 다양하게 역사하십니다.

저는 일본 교회 목회가 얼마나 어려운지, 지난 10여 년을 일본 목사님들과 교제를 나누면서 잘 알고 있습니다. 그래서 요즘에는 그들에 대한 연민의 정을 많이 느낍니다. 제가 아는 일본인 중에 무카이 세이코라는 사모님이 계십니다. 일본은 부부가 같이 사역을 하는 것이 통례입니다. 그래서 부인이 목사가 된 사람도 많습니다. 무카이 세이코라는 분도 교회를 개척하였는데, 이제 6년이 되었습니다. 그런데 교회가 조금씩 성장하였지만, 너무 지쳐서 저에게 이런 편지를 보내 왔습니다.

"괴로움에 지쳐 최근 몇 년 간은 낙담 중에 절망하고 있었습니다. 그러던 중 마음에 드는 세미나가 한국 사랑의교회에서 열린다고 하기에 참석하기로 결심하고, 어려운 중에 돈을 마련하여 세미나에 오면서 '만일 이번에 빛이 보이지 아니하면 목회를 포기하리라' 하고 마음먹었습니다.

그런데 사랑의교회에서 뜨거운 마음이 되어 돌아온 다음날 아침, 저는 꿈속에서 노래를 부르다가 눈을 떴습니다. "아, 하나님은 사랑이시라" 하나님은 사랑이기 때문에 내 마음은 뜨거웠고 눈물을 흘리면서 노래를 불렀습니다. 사람들이 들어도 듣지 않아도 하나님은 사랑이시니까 나는 목회를 하는 것이다. 목회를 그만둔다는 것은 있을 수가 없는 일이라고 생각하였습니다.

한국에서 돌아와 첫 주일이 되었습니다. 첫 주일에 드린 예배에서 제가 사회를 보고, 남편이 설교를 하였습니다. 목사님, 저는 충만해진 남편, 변해버린 남편을 보게 되었습니다. 저희는 부부가 같이 세미나에 참석하였거든요. 예배가 끝난 다음에 뜨거운 기도가 이어졌고 마음이 굳어졌던 형제들이 마이크 앞에 나와서 눈물을 흘리며 영적인 해방감을 고백하는 감격을 맛보았습니다.

월요일 아침이 되었습니다. 저의 내면에 기쁨이 넘치고 있었고 지금까지 불평하던 것들이 기쁨으로 변하고 있었습니다. 제 속에는 큰 해방감과 자유가 있어서 무엇을 해도 '하나님은 사랑이시니까' 하는 이유를 붙이기만 하면 문제가 문제로 보이지 않게 되었음을 깨달았습니다. 내 배에서 생수의 강이 넘쳐흐르는 것과도 같았습니다. 마치 사람들에게 해방을 알리는 것과도 같았습니다. 그날따라 창가학회에 빠져 있는 부모의 반대로 교회에 나오지 못하고 있는 초등학교 2학년 여자아이가 생각이 났습니다. 전 같으면 귀찮아서 꿈도 꾸지 못할 사랑의 편지를 써서 그 부모님한테 문전박대받을 각오를 하고 찾아갔습니다. 놀랍게도 그 부모는 저의 이야기를 듣더니 딸아이에게 교회에 나가도 좋다는 허락을 해 주었습니다. 할렐루야!"

이러면서 감격의 편지를 썼는데 제가 그걸 읽으면서 '성령께서 역사하시는 방법은 참으로 다양하구나' 하고 느꼈습니다. 세미나를 인도하던 저도 전혀 모르는 사이에 그 부인에게 하나님의 영이 그토록 넘치도록 역사하셔서, 가슴에 샘솟는 그 은혜가 며칠이 가도 끊어지지 않고 계속 이어질 정도로 강하게 역사하신 그 은혜, 바로 이것이 성령 충만이 아니고 무엇입니까? 우리에게도 이와 같은 은혜가 임할 수 있음을 믿습니다. 분명히 하나님이 주시는 은혜입니다. 마음을 여십시오. 마음을 비우고, 강청하십시오. 하나님이 반드시 주실 것입니다.

성령의 역사는 이렇게 아무도 모르게 그 사람에게 임하는 경우도 있는가 하면, 세상을 완전히 뒤집어놓는 역사도 가끔 있습니다. 플로리다의 펜사콜라교회 이야기를 잘 알고 있을 것입니다.

저는 거기에 다녀온 목사님을 통해서 여러 가지 자료를 얻었습니다. 그 교회는 60년 된 교회입니다. 150명 내지 200명이 모이는 미국의 전형적인 전통 교회요, 어떤 면에서는 힘이 없는 교회였습니다. 그런데 1995년 6월 18일, 아버지 주일에 한 강사를 초빙해 특별 집회를 하였는데, 그 강사가 인도하는 특별 집회 시간에 성령이 초자연적인 힘으로 임하셨다고 합니다. 한 시간 반 예정이던 예배가 네 시간이 지나도 그칠 줄 모르고 이어졌습니다. 이것이 계기가 되어 그 강사는 그 교회 부목사라는 타이틀을 가지고 함께 동역하는 사역자가 되었습니다. 그 후로 그 교회에서는 주중에 화, 수, 목, 금 나흘 동안 연속 집회가 이어지고 있습니다. 화요 집회에는 그 교회 교인들과 예수 믿고 돌아온 사람들이 모여, 저녁 7시부터 10시까지 다음날부터 이어지는 집회를 위해 중보 기도를 한다고 합니다. 그 시간은 모두 모여 찬송도 안 부르고, 성경 봉독도 안 하고, 설교도 안 하고 각각의 기도 제목이 씌어 있는 열두 개의 깃발 중, 자기가 기도하고 싶은 깃발 아래에 가서 기도한다고 합니다. 그렇게 화요일 저녁에 기도로 중보하고, 수요일부터 집회가 시작되는데 저녁 6시부터 시작해서 새벽 1시까지 집회가 이어진다고 합니다. 저녁 6시에 시작하는 이 집회에 참석하기 위해 사람들은 아침 6시부터 와서 줄을 서서 기다린다고 합니다. 초창기에는 새벽

4시부터 와서 줄을 서서 기다리고 있었다고 합니다.

그런데 그 집회의 특징은 회심이라고 합니다. 요란하게 은사 받고 웃고 떠드는 것이 아니라 그야말로 죄인들이 돌아와 통회 자복하고 하나님 앞에 새사람으로 태어나는 회심의 역사, 회개의 역사가 주를 이룬다고 합니다. 매일 저녁마다 400명 내지 500명이 결신을 하는데, 2년 동안 10만 8천여 명이 회개하고 돌아왔다고 합니다. 경찰이 마약중독자나 범죄자를 잡으면 이렇게 묻는다고 합니다. "너, 감옥 갈래? 펜사콜라교회 갈래?" 그리고 펜사콜라교회에 간다면 펜사콜라교회로 보낸다고 합니다. 그러면 틀림없이 그 사람은 회개하고 새사람이 된다는 것입니다.

제가 이런 이야기를 들으면서 약간 오기가 났습니다. 미국에 있는 교회는 새벽기도도 없지 않습니까? 우리처럼 요란을 떨지 않습니다. 그럼에도 불구하고 하나님께서는 왜 그 교회에는 그와 같은 은혜를 주시느냐 그 말입니다. 그와 같은 성령의 역사를 그 교회에는 그토록 성령을 부어 주시고, 365일 새벽 기도도 하는 한국 교회는 왜 이렇게 냉랭하게 내버려 두시는가 그 말입니다.

'우리에게 뭔가 잘못이 있지 않을까? 구하는 태도에 뭔가 잘못이 있지 않을까? 받은 은혜를 쏟아 부어 버리는 잘못된 부분이 있지 않을까? 뭔가 위선이 있는 것이 아닐까? 한국 교회는 무엇이 문제이기에 하나님은 그 놀라운 성령 충만을 어떤 지역에는 그처럼 풍성하게 주시는데 한국 교회에는 안 주실까? 저는 마음에서 탄식이 흘러나오는 것을 숨길 수가 없습니다.

'우리는 기도를 극성스럽게 해도 뭔가 잘못된 기도를 하고 있지 않은가?' 그렇게도 생각을 해 봅니다. 아무리 기도해도 순종 안 하면 그 기도는 허공을 치는 기도일 수밖에 없지 않습니까? 오늘 한국 교회가 기도하는 것만큼 순종하고 있다면 분명히 하나님이 성령의 놀라운 은혜를 펜사콜라교회에만 부어 주실 것이 아니라, 가장 문제가 많고, 가장 민족적인 서러움과 한이 많은 이 나라, 이 교회에 부어 주실 것이 틀림없는데, 왜 그렇게 새벽마다 요란하게 기도해도, 왜 밤새도록 기도하는 사람이 많아도 하나님은 왜 그와 같은 은혜를 우리에게 부어 주시지 않는가? 우리는 반성해야 합니다. 우리 지도자들이 반성해야 합니다.

하나님은 부요하신데 자녀된 우리가 가난해서는 안 됩니다. 하나님의 능력은 능치 못할 것이 없으신데 자녀된 우리가 무능하고 무력해서 세상 사람 발밑에 짓밟혀서도 안 됩니다. 다른 것 다 옆으로 제쳐놓고 성령을 구합시다! 그리하여 사람의 힘으로 할 수 없었던 일을 성령께서 해치우시는 역사가 우리 한국 교회에 일어나야 합니다. 분명히 하나님이 주실 줄 믿습니다. 왜냐하면 성령은 하나님이 가장 주시기 기뻐하시는 선물이기 때문에 그렇습니다. 우리가 바로 구하고, 열심히 구하고, 힘을 다하여 구하면 우리 주님은 분명히 주실 줄 믿습니다.

영적 권위의 회복

교회갱신을 위한 목회자협의회 영성수련회(1998. 8. 17)

"여러 날이 걸려 금식하는 절기가 이미 지났으므로 행선하기가 위태한지라 바울이 저희를 권하여 말하되 여러분이여 내가 보니 이번 행선이 하물과 배만 아니라 우리 생명에도 타격과 많은 손해가 있으리라 하되 백부장이 선장과 선주의 말을 바울의 말보다 더 믿더라 그 항구가 과동하기에 불편하므로 거기서 떠나 아무쪼록 뵈닉스에 가서 과동하자 하는 자가 더 많으니 뵈닉스는 그레데 항구라 한편은 동북을, 한편은 동남을 향하였더라 남풍이 순하게 불매 저희가 득의한 줄 알고 닻을 감아 그레데 해변을 가까이 하고 행선하더니 얼마 못되어 섬 가운데로서 유라굴로라는 광풍이 대작하니 배가 밀려 바람을 맞추어 갈 수 없어 가는 대로 두고 쫓겨 가다가 가우다라는 작은섬 아래로 지나 간신히 거루를 잡아끌어 올리고 줄을 가지고 선체를 둘러 감고 스르디스에 걸릴까 두려워 연장을 내리고 그냥 쫓겨 가더니 우리가 풍랑으로 심히 애쓰다가 이튿날 사공들이 짐을 바다에 풀어 버리고 사흘째 되는 날에 배의 기구를 저희 손으로 내어 버리니라 여러 날 동안 해와 별이 보이지 아니하고 큰 풍랑이 그대로 있으매 구원의 여망이 다 없어졌더라 여러 사람이 오래 먹지 못하였으매 바울이 가운데 서서 말하되 여러분이여 내 말을 듣고 그레데에서 떠나지 아니하여 이 타격과 손상을 면하였더면 좋을 뻔 하였느니라 내가 너희를 권하노니 이제는 안심하라 너희 중 생명에는 아무 손상이 없겠고 오직 배 뿐이니라 나의 속한 바 곧 나의 섬기는 하나님의 사자가 어제 밤에 내 곁에 서서 말하되 바울아 두려워 말라 네가 가이사 앞에 서야 하겠고 또 하나님께서 너와 함께 행선하는 자를 다 네게 주셨다 하였으니 그러므로 여러분이여 안심하라 나는 내게 말씀하신 그대로 되리라고 하나님을 믿노라 그러나 우리가 한 섬에 걸리리라 하더라"(행 27:9~26).

언제부터인가 주변에서 "총체적 위기"라는 말을 겁없이 자주 쓰는 사람들을 많이 봅니다. 총체적 위기라는 말은 위기를 당하지 아니하는 영역이 하나도 없다는 말입니다. 사실 그 말을 함부로 쓴다는 것 자체가 보통 위기가 아닙니다. 그만큼 오늘날 우리의 상황이 심각해졌다는 것을 의미합니다. 이 총체적 위기 가운데서 크게 우려하지 아니할 수 없는 것은 '권위의 위기' 라고 생각합니다. 제가 말하는 권위는 좋은 의미의 권위입니다. 우리가 흔히 이야기하는 권위주의를 말하는 것이 아닙니다. 또 힘으로써 획일적인 복종을 강요하는 그런 권위를 이야기하는 것이 아닙니다.

사회 각 분야에서 권위가 불신을 당하고 있다는 것은 우리 모두가 공감하는 사실입니다. 학생이 선생을 스승으로 봅니까? 심지어 자식이 부모의 권위를 인정하면서 존경을 합니까? 이 나라의 국정을 책임진 수반들이 쇠고랑을 차고 줄줄이 감옥을 드나들면서 최고 통치권자에 대한 권위가 땅에 떨어져 버렸습니다. '이 세상의 권위는 완전히 다 끝이 났구나' 하는 생각이 들 정도로 참으로 어려운 상황이 되었습니다. 그래서 하극상의 현상이 여기저기에서 많이 일어나고 있습니다. 겉으로 보이지는 않지만 숨은 내면의 세계에서 권위를 부정하고 권위에 대해서 반란을 일으키고자 하는 심리와 정신적인 작용이 움틀거리고 있습니다. 이런 사회가 총체적인 위기를 맞았다고 말하는 것은 조금도 잘못되지 않았다고 봅니다. 권위에 대한 존중이나 존경 같은 것이 급격히 허물어지고 있기 때문입니다.

그러면 교회 지도자들의 권위는 어떻다고 생각하십니까? 사회적으로 교회 지도자들의 권위는 말이 아닙니다. 한국갤럽의 한 조사 결과에 따르면, 1988년도에 벌써 우리나라 목사의 정직성은 약사 다음이었습니다. 그때만 해도 의약분업 이전이라, 우리는 약국에 가서 증상을 이야기하고 약을 사곤 하였습니다. 그럴 때 약사에게 속았다고 느낄 때가 자주 있었습니다. 약사들은 분명히 좋은 약이 아닌데도 자기에게 마진이 많이 떨어지니까 최고라고 하면서 팔기도 했고, 심지어 어떤 때는 유사 상표를 가지고 손님들을 우롱하는 경우도 많았습니다. 그러므로 이 사회에서 약사의 정직성은 어떤 면에서는 중하위권이라고 봐도 무방하였습니다. 그런데 목사를 약사보다 못한 사람으로 평가한 것입니다. 이런 비슷한 예를 들려면 얼마든지 있습니다. 그러나 한 가지 예만 들어도 가슴이 답답해지니까 더 이상 들지 않겠습니다.

우리는 스스로 다 목사라고 생각하고, 하나님의 종이라고 자부하면서 교회 앞에서 지도자의 역할을 하지만, 사실 따지고 보면 우리의 권위는 말이 아닙니다. 기독교의 생명과 능력은 다시 회복되어야 합니다. 기독교의 생명과 힘을 회복하려면 교역자가 영적 권위를 되찾아야 합니다. 그러나 교역자의 영적 권위를 회복하는 것은 통상적인 종교 행위로 가능한 것이 아닙니다. 남 보기에 기도 많이 하는 것처럼 보이는 것으로 교역자의 권위가 회복된다고 생각하지 않습니다. 사람들의 눈을 현혹시키는 대형 집회를 마련해서 많은 사람에게 선전을 한다고 해서 오늘날 교역자의 권위가 회복될 수 있다고도 생각하지 않습니다. 지금은 그렇게 해서 될 때가 아니라고 생각합니다. 통상적인 종교 행위로는 우리의 권위를 회복할 수 없습니다.

우리는 성경의 원칙으로 돌아가야 합니다. 여러분은 백선엽 장군을 기억할 것입니다. 한국전쟁 때 우리 국군의 상징이라고 할 수 있을 만큼 대단한 인물로 추앙을 받았던 지휘관입니다. 그분이 모 월간지를 통해 이런 말을 하였습니다. 자신이 과거에 무슨 무슨 고지를 탈환하면서 전투한 경력을 되돌아보면서 하는 이야기입니다.

"비상사태일수록 원칙으로 돌아가야 한다. 고지를 향해서 진격을 했는데 실패를 했다. 그럴 때 나는 항상 왜 실패했을까 그것을 따지기 위해서 원칙으로 돌아가곤 했다. 원칙으로 돌아가서 실패한 원인을 살펴보면 분명히 원칙대로 하지 아니한 부분들이 드러났다. 그래서 그것을 수정하고 다시 원칙대로 공격을 했더니 그 다음에는 성공을 했다. 위기 상황에서 변칙은 실패할 가능성이 가장 크다. 위기일수록 전술이면 전술 원칙, 전략이면 전략 원칙에 입각해야 한다. 경제도 통일 문제도 마찬가지다. 잔재주 부리는 조조 스타일은 안 된다. 위기일수록 안 된다."

저는 이 글을 읽으면서 '이게 어떻게 전술에만 해당되는 것이며 전투에만 해당되는 것인가?' 하고 생각하였습니다. 오늘날 영적 권위가 말이 아닐 정도로 실추된 이 마당에 우리 교역자들이 하나님이 주신 이 권위를 다시 한 번 회복하려면 잔재주 피워서는 안 됩니다. 말씀의 원칙으로 돌아가야 합니다.

우리가 가지고 있는 영적 권위는 제도적인 것이 아닙니다. 다시 말하면, 안수 받았다는 것으로 그 권위가 영원토록 존속되는 것이고 인정되는 것이 아닙니다. 우리가 어떤 기관의 대표를 맡았다든지, 다른 사람 보기에 화려한 타이틀을 가지고 있다고 해서 인정받는 권위가 아닙니다. 대형 교회 목회를 한다고 해서 인정받는 권위가 아닙니다. 우리의 권위는 차원이 다릅니다. 우리의 권위는 제도적인 것이 아닙니다. 그것은 영원한 것이 아닙니다. 우리의 권위는 하나님이 우리를 불러서 그의 피로 값 주고 사신 교회를 맡기신 권위입니다. 하나님으로부터 너무나 소중한 책임을 위임받았다는 것에서 우리 권위의 뿌리를 찾아야 합니다. 그러므로 하나님이 맡기신 그 일에 충성되지 못할 때, 그 권위는 언제든지 빼앗길 수 있는 것이고, 또 실추될 수 있는 것입니다. 목사라는 직분이 우리의 권위를 보장하지 못합니다. 우리가 어느 교단에 소속된 목사라고 해서 그것으로 우리의 권위를 인정받지 못합니다. 하나님이 우리를 불러서 영광스러운 교회를 맡기셨습니까? 그리고 그 교회에 맡기신 사명을 위해서, 또 모든 족속으로 제자를 삼으라고 하는 그 엄청난 명령에 우리가 충성된 종이 되어 있습니까? 그럴 때 우리의 권위가 살아나는 것입니다.

저는 사도행전 27장을 읽다가 끔찍한 조난 사고 내용을 읽어 내려가면서 그 사건이 얼마나 무서운 것이었는가를 생각하였습니다. 저는 바닷가에서 살았기 때문에 바다에서 배 타고 가다가 풍랑을 만나 배가 침몰할 위기가 되면 사람이 정말 다급해진다는 사실을 한두 번 체험으로 알고 있습니다. 때문에 여러 날 동안 하늘의 별을 볼 수가 없고, 주변에 지나가는 배도 발견할 수 없는 고해에서 당하는 이 무서운 조난 사건을 조용히 읽으면서 하나님이 저에게 주시는 깊은 진리 한 가지를 깨달았습니다. '이 시대를 감당할 수 있는 하나님의 종으로서 역할을 하려면 영적 권위를 반드시 회복해야 한다. 그렇지 아니하면 우리는 빠져나갈 문이 없다'고 생각하였습니다. 그래서 이 말씀을 가지고 하나하나 정리를 해 보았습니다. 저 자신을 위해서 정리를 해 본 것입니다. 이 말씀이 우리의 영적 권위를 회복하기 위한 모든 해답은 아닙니다. 그러나 중요한 몇 가지만은 분명히 우리에게 교훈을 줍니다.

첫째로, 영적 권위는 제 때에 경고할 수 있는 영안과 용기를 가질 때 회복할 수 있습니다.

경고할 수 있는 예언자적인 영안을 가질 때, 그리고 용기를 가질 때 우리의 영적 권위는 회복될 수 있다는 말입니다. 바울은 배가 출항하기 전에 백부장과 선주와 선장 앞에서 경고를 한 일이 있습니다. "금식하는 절기가 이미 지났는데 행선하는 것은 위험합니다. 좀 불편하지만 여기에서 겨울을 지내고 가도록 합시다" 하고 말입니다. 앞으로 무슨 일이 생길지 모르니 떠나지 말자는 것입니다. 그러나 백부장이나 그 배의 지도자들은 바울의 말을 아예 무시해 버리고 출항을 했던 사실을 우리는 봅니다. 그 결과 그들은 끔찍한 재난을 당하게 되었습니다.

여러분, 바울이 특별 계시를 받아서 이 경고를 할 수 있었다고 생각합니까? 그런 것도 좀 있을 것 같습니다. 워낙 영성이 밝은 사람이니까 영적으로 '아, 이번에 출항을 하면 분명히 좋지 못한 일이 일어나겠구나' 하는 무언가를 성령께서 그에게 일러 주셨을 지도 모릅니다. 그러나 본문을 보면, 바울은 특별 계시보다도 오히려 일반 계시에 더 의존해서 경고를 합니다. "금식하는 절기가 지났다"고 말합니다. 바울은 그동안 열한 차례나 지중해를 항해한 사람입니다. 그리고 그 거리는 줄잡아서 5,600km가 넘을 것이라고 학자들은 추산합니다. 그러니 그렇게 느린 범선을 타고 20년이 넘도록 11번이나 장거리 여행을 했던 바울은 경험상 베테랑이었습니다. 금식일이 지나면 왜 위험한지, 속죄일이 지나면 왜 위험한지 다 알고 있었던 것입니다.

램제이라고 하는 학자는, 바울이 로마로 가던 그 해를 주후 59년이라고 주장합니다. 그리고 그 해의 금식일은 10월 5일이라고 계산하였습니다. 그것이 맞는지 안 맞는지는 모르겠지만 비슷한 기간이 아니었나 생각합니다. 바울은 그동안 지중해를 다니면서 보니 10월 초순부터 11월 초순까지는 항해하기가 아주 좋지 않다는 것을 경험적으로 알고 있었습니다. 대단히 위험하다는 것을 알고 있었습니다. 때문에 그는 죄수로 묶여 가는 입장에서 말할 처지는 아니었지만 대범하게 "떠나지 맙시다, 떠나지 않는 것이 좋겠습니다" 하고 경고를 하였습니다. 이 경고 때문에 나중에 바울은 조난당한 배 안에서 최고의 권위자로서 군림을 합니다. 만약에 바울이 이 경고를 하지 않았더라면 조난당한 그 배 안에서 바울이 권위의 주도권을 잡지 못했을 것이며 그 사람들의 영을 인도하지도 못했을 것입니다.

경고라는 것은 대단히 중요합니다. 사람들이 그 위험을 눈치채지 못할 때 눈치를 채게 만드는 것이 경고 아닙니까? 일종의 예언자적인 기능입니다. 예언자적인 기능을 감당하려고 할 때는 무시당할 수도 있고, 핍박받을 수도 있고, 어떤 때는 생명을 빼앗길 각오를 해야 한다는 것을 우리는 선지자를 통해서 많이 봅니다. 그동안 우리는 한국 교회에서 얼마나 경고를 제대로 하는 지도자였습니까? 우리 한번 조용히 돌이켜 봅시다. 20년 가까이 경제 성장을 추구하면서, 그리고 그 성장의 열매를 나름대로 신나게 따 먹으면서, 부흥한 교회를 담임하는 것이 선망의 대상이 되고, 하는 일마다 웬만한 일은 잘되는 이런 형통한 과정을 겪어 오면서 우리는 얼마만큼 경고를 제대로 하는 예언자적 역할을 감당하였습니까? 물론 강단에서 설교할 때는 욕심내지 말라고 경고하였습니다. 정직하라고 경고하였습니다. 가치관이 점점 변질되니까 말씀을 붙들고 살아야 한다고 누누이 외쳤습니다. 그러나 설교를 위한 설교였지 진정한 경고를 했느냐 그 말입니다. 자신도 모르는 사이에 복음을 가지고 사람들을 은근히 유혹하고, 세상과 타협하는 메시지를 얼마나 많이 전했느냐 그 말입니다.

우리는 사람들이 듣기 싫어하는 말은 가급적 안하려고 하였습니다. 사람들은 경고하는 것을 싫어합니다. 불도 안 났는데 불났다고 말하는 사람을 누가 좋아합니까? 아직 비가 오지 않는데 비 온다고 하고 홍수 난다고 하는 사람을 누가 좋아하겠습니까? 아무도 좋아하지 않으니까 경고하는 예언자적인 역할을 할 수 있는데도 행사하지 않으려고 하는 유혹을 받고 있는 것입니다. 그 결과 걷잡을 수 없는 정신적 타락이 우리 주변을 포위하고, 도무지 주체할 수 없는 도덕적 부패 현상이 우리의 숨통을 조여 오는 이 무서운 환경 속에서도 우리는 그것이 얼마나 무서운 위기인가를 교인들에게 제대로 알려 주지 못하고 있습니다.

엘리야는 분명히 국가의 멸망을 경고한 사람입니다. 그렇기 때문에 그 사람은 눈물이 마를 날이 없었습니다. 그는 눈물을 가지고 그 경고의 권위를 세웠습니다. 세례요한은 "도끼가 나무뿌리에 놓여있다"는 중요한 메시지를 전하는 사람이었기 때문에 약대 털옷을 입고 광야에 살았습니다. 경고를 하면 경고를 하는 사람다움이 무엇인가 보여야 그 경고가 살아나는 것입니다. 그래야 그 경고가 능력을 발휘합니다. 바울은 에베소에서 3

년 동안 목회하면서 유익한 말이면 무엇이든 군중 앞에서나 각 집에서나 거리낌없이 사람들에게 말하였습니다. 그리고 경고를 하게 될 때 그의 눈에는 늘 눈물이 있었다고 하였습니다. 이것이 경고자의 바른 자세입니다.

그러나 우리는 그동안 너무 긴장을 풀고 살았습니다. 지금 눈앞에 무엇이 오는지에 대해서 누구 하나 제대로 소리를 지르지 않았습니다. 그러다가 우리는 IMF 구제 금융 체제로 들어가게 되었고, 하루아침에 국민 소득 1만 달러가 5천 달러로 곤두박질치는 위기를 만나게 되었습니다. 그런데 이와 같은 상황이 닥치기 전에 우리가 얼마만큼 경고자의 입장에서 교인들을 바로 가르쳤으며, 교회를 통해서 세상을 향해 얼마만큼 다가오는 위기를 이야기했냐는 말입니다. 그렇게 못했으니 우리의 권위가 땅에 떨어질 수밖에 없는 것 아닙니까?

저는 가끔 제 설교 테이프를 하나씩 듣습니다. 자기 설교를 듣는 것만큼 힘든 일이 없습니다. 그러나 저는 일부러 듣습니다. 내가 무슨 설교를 했나? 지금까지 무슨 말을 한 목사인가? 강단에서 무슨 내용을 가지고 소리를 지른 사람인가? 저 자신을 냉정하게 돌아보기 위해서 테이프를 듣습니다. 들을 때 저도 모르게 마음에 가책이 생깁니다. '이 성경 본문은 이런 식으로 적당히 전할 말이 아니었는데…. 말하기 어려운 부분은 쏙 빼

버리고 사람들에게 듣기 좋은 본문만 뽑아서 설교를 한 것이 아닌가? 사실은 말하지 않은 그 본문이 더 중요한데…' 하고 자책을 하는 것입니다.

왜 적당히 설교합니까? 자신도 모르게 아부하는 것입니다. 되도록이면 많은 사람들한테 "그 목사님 설교 좋더라", "은혜 받았다" 하는 소리를 듣고 싶어서 그런 것입니다. 그 소리가 마귀 소리인 줄을 알아야 하는데 그런 소리에 끌려 다니다 보니 듣기 싫은 말은 가급적이면 안하려고 합니다. 그러다가 청소년이 타락하고, 나라의 정신 풍토가 완전히 병들어 버리는 상황을 보고도 제대로 소리 한번 지르지 못하였습니다. 그렇게 되면 나라의 앞날이, 교회의 앞날이 어떻게 될 것이라는 것을 뻔히 알면서도 말 한마디 제대로 못하였습니다. 그러므로 나라가 어려운 위기를 만나서도 고개를 들 수가 없고, 교회 성장이 멈추었다고 해도 고개를 들 수가 없는 것입니다.

하나님께서 우리에게 다시 한 번 경고하는 예언자적 권위를 회복시켜 주시기를 바랍니다. 우리 모두에게 다시 한 번 용기를 주시기를 바랍니다. 앞으로는 지금보다도 더 많은 경고를 해야 할 무서운 시대가 다가오고 있다는 것을 우리는 성경을 통해서 압니다. 지구가 점점 제 기능을 발휘하지 못하는 상황에 빠지고 있습니다. 사람들의 욕심은 이제 아무도 제동을 걸 수가 없습니다. 이제는 브레이크가 고장난 자동차와 같습니다. 오늘 살다가 죽어도 자기들의 욕망을 절제할 수가 없는 것이 요즘 사람들입니다. 이럴 때 우리에게 남아 있는 것은 무엇입니까? 말씀을 가지고 경고하는 것입니다. 그래서 파멸을 막아야 합니다. 과거에는 우리가 제 역할을 못했다 할지라도 지금부터 "주여, 우리에게 앞날을 보는 분명한 영안을 주시고, 사람들이 뭐라고 하든 간에 예레미야처럼 얼굴에 철판을 깔고서라도 꼭 해야 할 말은 주저하지 아니하고 할 수 있는 권위 있는 메신저가 되게 해 주시옵소서" 하고 기도해야 합니다. 교회 갱신이 무엇입니까? 메시지가 살아나야 교회 갱신이지, 메시지는 죽을 쑤고 있으면서 무슨 갱신이 일어납니까?

둘째로, 영적 권위는 풍랑 만난 배 안에 있어야 회복되는 것입니다.

배가 출항하고 얼마 지나지 않아서 유라굴로라고 하는 폭풍이 몰려 왔습니다. 라틴어로 유로스는 동풍이라는 말입니다. 그리고 아킬로는 북풍이라는 말입니다. 그 말을 합해서 유라굴로라고 했으므로 유라굴로는 북동풍입니다. 한참 순한 남풍을 받아 순항하던 배였는데 갑자기 바람이 거꾸로 부니까 정신없는 상황이 되었습니다. 선체를 줄로 감고, 연장을 버리고, 짐을 버리고, 나중에는 배의 기구까지 버렸다고 하니까 손을 들어 버린 것입니다. 성경에 "구원의 여망이 다 없어졌다"라고 기록되어 있습니다(행 27:20). 그들은 14일 동안 먹지도 못하면서 바람 부는 대로 물결치는 대로 밀려가면서 죽음의 그림자 앞에서 바들바들 떠는 사람들이 되어 버렸습니다. 이때 바울의 영적 권위가 빛을 발하기 시작하였습니다. 거기에는 선장도 필요 없었습니다. 백부장도 다 소용이 없었습니다. 아무도 소용이 없었습니다. 오직 바울만이 권위자였습니다. 모든 사람이 바울만 쳐다보는 상황이 되었습니다. 왜 그랬겠습니까? 바울이 그 배 안에 있었기 때문입니다. 다시 말해, 그 무서운 풍랑과 싸우며 하루에 몇 번씩 오고가는 생사의 기로에서 바울이 같이 있었다는 것입니다. 이것이 바울로 하여금 권위를 가지고 말할 수 있게 한 조건이 되었습니다.

영적 권위는 조난당한 현장에 있어야 회복할 수 있습니다. 우리는 이것을 동참의 원리라고도 하고, 성육신의 원리라고도 합니다. 나는 고생 안 하고 고생하는 사람들에게 영적인 권위를 행사할 수 있습니까? 나는 싫어서 피하면서 "너희들은 이렇게 해라"라고 말할 때 그 말에 권위가 있겠습니까? 이것이 아마 목사에게 있어서 가장 어려운 문제라고 생각합니다.

헨리 나웬의 글 가운데 "영적 권위는 긍휼로부터 온다"는 말이 있습니다. 남을 불쌍히 여기는 마음을 가진 사람에게서 권위를 찾아볼 수 있다는 말입니다. "사람들에 대한 내적인 연대의 의식에서 권위라는 것은 생긴다"고 하였습니다. 다시 말해, '우리는 완전히 똑같은 사람들이다, 기쁨과 고난과 슬픔을 함께 나누고 있다, 우리는 원하는 것을 서로 깊이 이해할 수 있고, 우리는 함께 길을 걸어가고 있으며, 의사와 능력을 같이 공유하는 사람들이다' 하는 마음을 서로 가질 수 있을 때 영적 권위라는 것은 세워진다는 것입니다.

고난당한 사람에 대해서 무관심합니까? 그들을 피하고 있지는 않습니까? 그들과 자신을 차별화 시킵니까? 그래서 그들과 같은 자리에 서지 못하고, 그들의 신발도 신어 보지 못하는 별개의 존재로 군림합니까? 사람들이 보기에는 화려할지 모르지만 그것은 이미 권위를 잃어버린 지도자라고 말할 수 있습니다.

저는 가끔 가슴 아픈 느낌을 받습니다. 분명 그 목사님의 목회 현장은 저소득층이 사는 곳입니다. 수입이 별로 없어서 하루하루 근근이 끼니를 때우는 사람들이 대부분이라고 할 수 있는 그런 여건에서 목회를 하는 목사님입니다. 그런데 교인이 1천여 명 모인다고 해서 너무나 좋은 자동차, 너무나 좋은 사택을 쓰는 것입니다. 그것은 동참의 원리에서 떠난 권위라고 생각합니다. 물론 교회가 그만큼 자랐으니까 대우를 받을 수도 있겠지만 그분이 만약 목사의 영적 권위를 앞세운다고 한다면 절대로 그래서는 안 됩니다. 적당한 차를 가져야 합니다. 적당한 집을 가져야 합니다. 그래서 거기에 있는 모든 교인들에게 '목사님도 우리와 함께 같은 배를 타고 간다' 하는 기분을 느끼도록 해야 합니다. 그래야만 목사님의 말씀 한마디 한마디가 권위있게 들리는 것입니다. '저 사람은 나하고는 다르다'고 하는 인식을 갖게 되면 무슨 소리를 해도 그것은 뜬구름 잡는 소리를 하는 것이나 다를 것이 없습니다. 그런데 오늘날 한국 교회 교역자들을 생각해 봅시다. 조난당한 사람들과 함께하는 교역자입니까?

「타임지」에서 금세기에 가장 영향력 있던 사람 100명 가운데 연예계에 속한 사람 20명을 선정했다고 합니다. 그 20명 중에는 현역에서 아주 왕성하게 활동을 하고 있는 한 흑인 여성도 끼어 있었는데, 그 여성이 요즘 TV 토크쇼에서 인기를 끌고 있는 오프라 윈프리라고 하는 흑인 여성입니다. 그 토크쇼가 얼마나 대단한 인기를 끌고 있는가 하면 매일 1천 4백만 명이 시청을 한다고 합니다. 그리고 132개국에 위성으로 중계되고 있다고 합니다.

그런데 이 여성이 어떻게 해서 그렇게 영향력 있는 인사로 뽑힌 줄 아십니까? 그녀에게는 아픔이 있었습니다. 그녀는 1954년 미혼모의 딸로 태어나 외할머니와 어머니, 아버지 사이를 전전하며 살았습니다. 그러니 얼마나 많은 상처를 가지고 있었겠습니까? 그렇기 때문에 토크쇼를 할 때 자기가 경험한 아픔이 그대로 스며나오는 것입니다. 말에서 스며나오고 행동에서 사람들에게 전달이 되는 것입니다. 그러니까 사람들이 '윈프리는 아픔을 가진 자의 친구다' 하는 인식을 자기도 모르게 가지게 되는 것입니다. 그래서 모든 상처를 입은 사람들은 윈프리를 자기 친구로 생각하는 것입니다. '나하고 다른 사람이 아니고 나하고 거의 비슷한 경험을 가지고 사는 사람이다.' 이렇게 생각하게 만드는 것입니다. 그래서 토크쇼에서 마약 중독에서 벗어나려고 몸부림치는 여인을 만나서 윈프리는 뭐라고 했는줄 아십니까? "저도 과거에 코카인을 했던 적이 있어요. 당신만 조난당한 것이 아니고 저도 조난당한 일이 있어요. 그래서 당신 사정을 너무나 잘 알아요. 절망하지 마세요." 바로 이런 스타일의 토크쇼를 하는 것입니다.

그래서 이런 스타일의 토크쇼를 '레포톡'(repotalk)이라고 합니다. 즉 전체를 하나의 가족과 같은 친밀감으로 묶어 주는 대화 같은 토크쇼라는 것입니다. 그러니까 모두가 한배를 타고 가는 동질감을 느끼게 하는 것입니다. 그렇기 때문에 이 흑인 여인이 나와서 진행하는 쇼에 모든 사람이 귀를 기울이고 모든 사람의 관심이 그녀에게 향하는 것입니다. 그래서 그녀로부터 무언가 위로 받기를 원하고 그녀의 입에서 나오는 말 한마디에

울기도 하고 웃기도 하는 것입니다. 누가 이렇게 할 수 있습니까? 이것이 권위 아닙니까? 이런 권위가 어디에서 오는 것입니까? 조난당한 배에 내가 함께 있을 때에 오는 것입니다. 예수님의 권위가 바로 이런 권위 아닙니까? 우리의 연약함을 채우려는 자리에 계셨기 때문에 예수님의 말씀은 우리의 가슴을 저미도록 만듭니다. 우리의 질고를 짊어지고 우리의 병을 감당하신 분이기 때문에 그분의 말씀 앞에 우리는 가슴이 녹아지는 것을 느낍니다. 이것이 권위 아닙니까? 이 권위가 바로 우리 목사들에게 주어진 권위라고 생각합니다.

고통은 분담할수록 좋습니다. 그리고 분담하는 것도 모자라면 교역자는 고통을 전담해야 합니다. 이것이 교역자가 권위를 가지게 되는 지름길입니다. 잃어버린 권위를 회복할 수 있는 길입니다. 매일 앉아서 대접받을 생각이나 하고, 사람들 앞에서 외적인 권위나 세우려고 목에 힘주고 있는 것은 사람 보기에 권위가 있어 보일지 모르지만 사람을 변화시키기에는 절대 불가능한 것입니다.

사실 굉장히 어려운 문제입니다. 저도 이 문제 때문에 너무너무 괴로워하는 사람입니다. 차라리 목사가 되지 말았으면 하는 생각을 할 때가 있습니다. 사랑의교회 교인이라고 해서 다 잘사는 것은 아니지 않습니까? 어떤 사람은 너무 어려운 상황에서 하루하루 죽지 못해 사는 사람도 있습니다. 그런데 큰 교회 목사라고 해서 50평 넘는 아파트에서 비가 오든 눈이 오든 별로 걱정하지 않고 잠자고 일어나는 것을 생각할 때 가슴이 아픕니다. 어떻게 해야 합니까? 고통 받는 사람이 제가 설교할 때 얼마나 가슴에 와 닿겠습니까? 그렇다고 해서 지금 당장 다 걷어치우고 내려앉을 수도 없고 말입니다. 그러나 저의 고민이 여러분에게도 있을 것입니다.

하지만 분명히 알아두십시오. 노력해야 합니다. 핑계 대지 말고 노력해야 합니다. 오늘 한국 교회 지도자들이 권위를 회복하려면 이 문제를 심각하게 생각해야 합니다. 가톨릭의 신부들이 무슨 통계 조사에서 항상 상위권에 드는 이유가 바로 이것입니다. 그들 대부분이 조난당한 배에 함께 있는 삶을 삽니다. 그러나 개신교 지도자들은 그러지를 못합니다. 마치 교회는 자신을 위해 존재하는 것처럼 착각하고, 교회를 이용해서 너무 자신만의 욕구를 채우려고 하는 사람들이 많습니다. 대부분이 그렇습니다. 우리가 이래서는 권위있는 지도자가 될 수가 없습니다. 깊이 생각해 보시기 바랍니다. 좀더 낮아질 수 없는지 생각해 보십시오. 파도와 싸우는 사람들에게 같이 다가갈 수 있는 길이 없는지 다시 한 번 생각해 보십시오. 고통을 분담할 수 있는지, 분담해도 모자라면 전담할 수 있는지 말입니다. 그 정도의 용기와 그 정도의 열린 자세를 가지고 우리가 교회 앞에 선다면, 우리의 권위는 다시 회복될 줄로 믿습니다. 주님께서 우리 모두에게 이와 같은 은혜를 주시기를 바랍니다. 정말 성령께서 우리의 마음을 감동시켜서 우리의 자세를 바꾸어 주시기를 바랍니다. 우리에게 영적 권위가 회복되어야 교회가 살고, 갱신되고 하나님의 뜻이 이 땅 위에 이루어질 수 있습니다. 그러나 우리의 영적 권위가 세워지지 아니하면 아무리 잔재주를 부려도 생명이 변화되지를 않습니다. 하나님이 원하시는 역사는 일어나지 않을 것입니다.

셋째로, 영적 권위는 비전이 분명해야 회복될 수 있습니다.

열흘이 넘도록 파도에 시달려서 모두가 초죽음이 되어 있을 때 바울은 이런 말을 합니다.

> "내가 너희를 권하노니 이제는 안심하라 너희 중 생명에는 아무 손상이 없겠고 오직 배뿐이니라 나의 속한 바 곧 나의 섬기는 하나님의 사자가 어제 밤에 내 곁에 서서 말하되 바울아 두려워 말라 네가 가이사 앞에 서야 하겠고 또 하나님께서 너와 함께 행선하는 자를 다 네게 주셨다 하였으니 그러므로 여러분이여 안심하라 나는 내게 말씀하신 그대로 되리라고 하나님을 믿노라"(행 27:22-25).

거기에 있던 사람들이 이 말을 알아들었을까요? 바울과 같이 동행하는 소위 '우리'라고 하는 그룹 사람들을 빼고는 가이사 앞에 서야 된다는 말이 무슨 의미가 있겠습니까? 배 안에 있는 270여 명이 알아들었겠습니까? 그러나 바울은 하나님이 주신 말씀을 그대로 전합니다. "나는 가이사 앞에 서야 될 사람이다"라는 것을 그 자리에서 다시 한 번 공포하는 것입니다.

이것은 무엇을 의미합니까? 바울은 사람들의 눈에 남다른 목적과 계획을 가지고 인생을 사는 자로 비치게 만드는 것입니다. 이것이 비전입니다. 곡물을 수입해서 이익을 남기려고 일에 몰두하고 있는 선주도 아니요, 상관의 명령에 따라서 움직이는 백부장하고도 다른 사람이었습니다. 이제 끌려가면 로마의 원형경기장에서 사람들의 노리갯감이 되다가 자기도 모르는 사이에 죽임을 당한 숱한 죄수들 하고도 다른 몸이었습니다. 바울은 비록 그 자리에 있는 사람의 수가 많지는 않았지만 '야, 저 사람은 뭔가 다르다. 황제 앞에 서야 된다는 꿈을 가지고 있는 사람이구나. 하나님이 가이사 앞에 서도록 하겠다고 밤에 이야기를 했다니 저 사람은 분명히 황제 앞에 가서 서겠구나. 저 사람은 우리하고 뭔가 좀 틀려. 좀 주목해서 보아야 되겠어.' 하는 생각이 저절로 사람들의 마음에서 일어나도록 바울은 처신하고 있고 말하고 있습니다. 이것이 비전을 가진 지도자의 모습입니다.

바울은 이 비전을 가지고 지금까지 살았습니다. 말씀을 통해 확인해 보면 다음과 같습니다.

"로마도 보아야 하리라"(행 19:21). "로마에서도 증거 하여야 하리라"(행 23:11). "네가 가이사에게 호소하였으니 가이사에게 갈 것이라"(행 25:12). "네가 가이사 앞에 서야 하겠고"(행 27:24). "로마로 가니라"(행 28:14).

바울은 오직 한 가지 푯대를 향해서 끊임없이 달려가는 사람의 모습으로 부각되지 않습니까? 이것이 바로 비전있는 사람의 모습입니다.

바울은 하나님 앞에 "왜"라고 질문하지 않았습니다. "하나님, 제가 가이사 앞에 가길 원하고, 로마에 가기를 원하는데 예루살렘에서 왜 이렇게 호된 시련을 당해야 합니까?" 하고 묻지 않았습니다. 바울은 가이사랴에서 2년 동안 복음을 전할 때에도 하나님께 묻지 않았습니다. "하나님, 왜 2년 동안 사람을 붙잡아 놓고 답답하게 만드십니까? 제가 지금 로마에 가서 복음을 전하려고 하는데, 왜 하나님 이렇게 만드십니까? 왜?"라고 묻지 않았습니다. 그는 여섯 번이나 심문을 받고 재판을 받았습니다. 그때마다 "하나님, 왜?"라고 묻지 않았습니다. 6개월 동안의 긴 항해를 하면서 2주간을 파도와 싸우면서 사경을 헤매는 고통을 겪을 때도 바울은 하나님 앞에 "왜?"라고 묻지 않았습니다. 그는 오직 가이사 앞에 서야 하고 로마에 가야 하는 그 목표만을 바라보고 있었습니다. 소명을 가진 지도자, 비전을 가진 사람은 하나님께 "왜?"라고 묻지 않습니다. 오직 목표만 알고 있을 뿐입니다. 이런 사람에게 영적 권위가 있는 것입니다. 우리는 신자들 앞에 어떤 모습으로 비춰지고 있는 사람들입니까? 우리는 어떤 지도자로 비춰지고 있습니까?

어느 조사에서 또 기분 나쁜 결과가 나왔습니다. "당신은 목사를 어떻게 봅니까?"라는 질문에 69.6%가 이런 대답을 했다고 합니다. "명예를 추구하고 인기에 영합하는 사람입니다" 물론, 불신자들의 대답입니다. 그러니까 불신자 10명 중에 7명은 목사를 볼 때마다 비웃고 있는 것입니다. 우리 모두가 하나님의 부름을 받아서 로마에 가야 되고 가이사 앞에 서야 되는 비전을 가진 사람이라면, 우리 모두는 교인들에게도 다른 사람으로 비춰져야 하겠지만 세상 사람들에게도 다른 사람으로 비춰져야 할 것 아닙니까? 선장 앞에서도 다른 사람으로 비춰져야 하고, 백부장 앞에서도 분명히 다른 존재로 부각이 되어야 하지 않습니까? 그런데 우리는 이런 면에서 퍽 실망스럽습니다. 그저 교회라는 하나의 조직을 가지고, 평생 먹고사는 하나의 직업으로 삼고 있는 평범한 사람으로 우리를 본다면 우리의 권위는 다시 찾을 길이 없습니다.

미국에서 1천 44명의 목사를 대상으로 "당신이 지금 하려고 하는 사역의 비전이 무엇입니까? 그것을 명확하게 표현해 주십시오"라고 물었더니 자기 사역의 비전을 정확하게 표현한 사역자는 4%밖에 되지 않았다고 합니다. 다들 소명 받았다는 소리는 요란하게 하는데, 소명 받은 자로서 지금 로마로 가고 있는지, 그리스로 가고 있는지 도대체 목표가 정확하지 않은 사람이 무려 96%나 되었다는 것입니다. 이것은 참으로 유감스러운 일이 아닐 수 없습니다.

그러면 우리는 교인들 앞에 어떤 모습입니까? 그저 당회장입니다. 교회를 책임진 지도자지 그 이상 무엇을 기대하겠습니까? 더욱이 세상 사람들 앞에서는 무엇입니까? 그저 목사도 하나의 직업 아닙니까? 먹고살기 위해서 가지는 직업, 그 이상 그들이 우리에게서 무엇을 볼 수 있겠는가 말입니다. 이것이 오늘날 우리 모두의 비극입니다. 차라리 가톨릭 신부처럼 결혼이라도 하지 않고 있으면 그것 하나라도 인정을 받을만한 조건이 되겠는데, 결혼해서 처자식을 데리고 다니면서 자기 아들딸 자랑하면서 할 짓 다하는데 뭐가 다르냐 그 말입니다. 이것은 정말 심각한 문제입니다. 이런 어려운 문제를 우리 모두가 극복할 수 있도록 하나님께서 은혜 주시기를 간절히 바랍니다.

넷째로, 영적 권위는 하나님이 주신 메시지를 가지고 있을 때 회복될 수 있습니다.

바울은 "너희가 기다리고 기다리며 먹지 못하고 주린 지가 오늘까지 열나흘인즉 음식을 먹으라 권하노니 이것이 너희 구원을 위하는 것이요 너희 중 머리터럭 하나라도 잃을 자가 없느니라" 하고 하나님이 주신 메시지를 전합니다(행 27:33, 34). 이처럼 소망을 잃어버린 사람들에게 희망을 불어넣을 수 있는 메시지를 가진 자가 영적 권위를 행사할 수 있습니다.

그렇다면 오늘날 국가적으로나 교회적으로 몹시 어려운 상황에 빠져 있는데 이럴 때 우리가 하나님에게로 받은 것이라고 자신 있게 전할 수 있는 메시지가 있습니까? 설교니까 전하는 메시지 말고, 목사니까 어쩔 수 없이 하는 메시지 말고 말입니다. 하나님께서 당신에게 주신 메시지가 없습니까? 우리 대부분은 메시지를 듣기 위해서 기다리는 자세가 좀 부족합니다. 너무 성급합니다. 바울은 이 메시지를 하나님으로부터 직접 듣기 위해서 파도와 싸우며 10일 이상을 기다렸습니다. 바울이 기도 외에 무엇을 했겠습니까? 그렇게 하나님 앞에 끈질기게 앉아서 기다리고 있을 때 하나님은 당신의 음성을 바울에게 들려주셨습니다. 그러나 우리는 음성을 듣기 위해서 값을 치르지를 못합니다. 설교가 너무 쉽게 준비됩니다. 설교할 수 있는 자료들이 홍수처럼 쏟아집니다. 시간을 들이지 않고 카피만 해도 멋지게 설교할 수 있는 시대가 되어 버렸습니다. 이것이 저의 문제이고, 여러분의 문제라고 생각합니다.

  우리 모두 말도 못하게 실추된 목회자의 영적 권위를 다시 회복합시다. 우리가 생각하는 것보다 훨씬 더 심각합니다. 다시 말씀드립니다. 불신자 10명 중에 7명은 우리를 보고 속으로 '웃기네' 한다는 것입니다. 교인들 가운데서도 좀 비판적인 사람들은 목사를 아니꼽게 쳐다본다는 것을 여러분이 아셔야 합니다. 가까이 와서 "은혜 받았습니다" 하고 아부하는 소수의 사람들 때문에 여러분의 눈이 어두워져서는 안 됩니다. 오늘날 우리가 어떤 자리에 서 있는가를 알아야 합니다. 나라도 위기고, 교회도 위기고, 우리의 영성도 위기를 맞은 이 때에 우리가 어떻게 하면 영적 권위를 회복해서 하나님의 거룩한 뜻을 이 땅에 펼칠 수 있겠습니까? 원칙으로 돌아가자는 것입니다. 말씀의 원칙으로 돌아갑시다. 예언자적인 경고를 할 수 있는 자리로 돌아갑시다. 풍랑 만난 배 안에 함께 있을 수 있는 원리로 돌아갑시다. 하나님의 나라 비전에 몸을 던지는 소명자적인 원리를 회복합시다. 그리고 하나님이 직접 들려주시는 메시지를 가진 지도자라고 할 수 있을 만큼, 하나님의 음성을 직접 듣고 전하는 영적 지도자가 됩시다.

  이것이 원칙으로 돌아가는 것입니다. 교갱협을 통해서 하나님이 이와 같은 영적 권위를 다시 회복시켜 주시고, 우리를 통하여 이 한국 교회가 희망의 빛을 발견할 수 있기를 바랍니다. 오늘 경제적, 정치적, 도덕적으로 위기를 맞고 있는 이 나라에 "이것이 살 길이다" 하고 분명히 자신 있게 제시할 수 있는 하나님의 귀한 종들이 되시기를 바랍니다. 이와 같은 귀한 은혜 주시기를 간절히 기도드립니다.

'그러나'의 은혜

교회갱신을 위한 목회자협의회 영성수련회(1998. 8. 25)

"나는 사도 중에 지극히 작은 자라 내가 하나님의 교회를 핍박하였으므로 사도라 칭함을 받기에 감당치 못할 자로다 그러나 나의 나 된 것은 하나님의 은혜로 된 것이니 내게 주신 그의 은혜가 헛되지 아니하여 내가 모든 사도보다 더 많이 수고하였으나 내가 아니요 오직 나와 함께하신 하나님의 은혜로라"(고전 15:9, 10).

본문 말씀은 제가 참으로 아끼고 사랑하는 말씀입니다. 저는 힘이 빠질 때마다 늘 이 말씀을 통해 재충전 받고 일어섭니다. 저는 '은혜'라는 말을 참 좋아합니다. 이 말을 너무 좋아해서 아들만 있는 우리 집안에 손녀가 태어났을 때 이름을 '은혜'라고 지어 버렸습니다.

저희 교회에서 제자훈련을 받고 일본에서 제자훈련을 하고 있는 목회자들이 연례행사로 모이는 컨벤션이 있습니다. 그 모임에 가서 설교도 하고 강의도 할 때면 그들의 기도에서 자주 나오는 말이 있는데, 바로 '메구미'입니다. 우리말로 '은혜'라는 뜻입니다. 그런데 은혜는 일본말로 들을 때도 마음이 푸근해지고 가슴이 뜁니다.

다들 아시다시피 수십 년 전에 영국에서 비교종교학자들이 모여서 신학 논쟁을 한 일이 있습니다. 여러 종교를 놓고 토론을 한 것입니다. 한참 토론을 하다가 '기독교가 다른 종교에 비해서 독특한 점이 무엇이냐?' 하는 문제를 가지고 토론을 하게 되었는데, 한 사람이 "성육신이 기독교의 독특한 교리다"라고 말했다고 합니다. 하지만 그것은 다른 종교에서도 충분히 발견되는 이야기라고 반박을 받았습니다. 그래서 토론이 애매해져 가고 있는데, 마침 C.S.루이스 교수가 그 방에 들어와서는 사태를 물었습니다. 그러자 그간 토론했던 이야기를 쭉 하니까, 다 듣고 난 C.S.루이스가 웃으면서 이렇게 말했다고 합니다.

"그것은 어렵지 않습니다. 그것은 바로 은혜입니다."

이 말을 듣고 거기에 모인 학자들이 과연 은혜가 기독교만이 가지고 있는 독특한 교리이고 진리인가를 서로 토의하다가 결국 C. S. 루이스의 말이 맞다고 결론을 내렸다고 합니다.

불교에서는 피안(彼岸)에 이르는 8가지 길을 가르칩니다. 그러나 그 피안에 이르는 8가지 길은 은혜와는 거리가 멉니다. 힌두교에 인과응보의 교리가 있습니다. 인과응보도 은혜하고는 너무나 상반됩니다. 회교의 계율은 또 얼마나 무섭습니까? 거기에는 은혜가 자리할 여지가 전혀 없습니다. 유대교의 율법도 은혜와 상반되는 요소들을 많이 가지고 있습니다. 그러나 기독교는 은혜를 이야기합니다. 그만큼 은혜는 너무너무 좋은 것입니다.

은혜가 무엇입니까? 저는 고린도전서 15장 8절 말씀이 은혜의 정의요, 은혜의 전부를 담고 있다고 생각합니다. 바울은 고린도전서 15장에 들어와서 예수 그리스도의 부활 논쟁을 하고 있던 중에 갑자기 자신의 이야기를 합니다.

> "맨 나중에 만삭되지 못하여 난 자 같은 내게도 보이셨느니라"(고전 15:8).

은혜가 무엇입니까? "내게도 보이셨다"는 이 두 마디에 은혜가 다 들어있습니다. "내게도"에서 나는 누구입니까? 자격이 없는 사람, 하나님의 관심을 끌만한 좋은 것이 하나도 없는 사람, 하나님이 인정해 줄 만한 아무 근거도 없는 사람입니다. 그런 사람에게도 보이셨다는 것, 이것이 바로 은혜입니다. 그리고 은혜의 또 다른 요소는 무엇입니까? "보이셨느니라"입니다. 우리 죄를 위하여 죽으시고 사흘 만에 부활하신 영광의 주님, 만왕의 왕이 되신 그 크고 광대하시고 거룩하신 그 분이 보이셨다는 겁니다. 내가 그분을 찾아가서 만난 것이 아니고, 그분이 나를 찾아와서 만나 주신 것입니다. 이것이 은혜입니다.

스톰스라는 사람은 이런 말을 하였습니다.

"은혜는 나에게 공로가 있다고 해서 마음대로 얻을 수 있는 것이 아니고, 또 나에게 공로가 없다고 해서 얻을 수 없는 것도 아니다."

그렇습니다. 은혜란, 공로하고는 아무런 상관없이 우리 예수님이 나를 찾아와서 만나주시는 것, 그 감격이 바로 은혜입니다.

"내게도 보이셨느니라." 이 은혜에는 우리가 깨달아야 할 다음과 같은 은혜가 들어있습니다.

첫째로, 나 같은 죄인을 구원해 주셨다는 감격스런 은혜가 들어있습니다.

교역자에게 있어서 구원의 감격이 마르면 그것은 곧 죽음입니다. 그러므로 은혜의 감격이 서서히 식어 가면 비상 대책을 세워야 합니다. 그것은 내가 시한부 인생이 되어 간다는 신호이므로 반드시 비상 대책을 강구해야 합니다.

둘째로, 구원받은 많은 사람들 가운데서 특별히 나를 불러 소명을 주셨다는 감격의 은혜가 있습니다.

저는 이 사실을 생각 할 때마다 가슴이 뜨거워집니다. 저는 도망 다니던 사람입니다. 정필도 목사님처럼 초등학교 때부터 "저를 주님의 종으로 써 주세요" 하면서 한눈팔지 않고 일편단심으로 준비해 온 동역자들 앞에서 저는 얼굴을 못 드는 사람입니다. 저는 "왜 할 것이 없어서 목사를 하느냐, 왜 성도들이 가져다주는 성미로 끼니를 때우느냐, 주의 일이 꼭 그것 밖에 없느냐?" 하면서 도망 다니던 사람인데 하나님께서 강제 차출

하셨습니다. 제가 어떻게 울지 않겠습니까? 저는 이유를 알 수가 없습니다. 왜 주님이 그렇게 하셨는지…. 나 같은 죄인에게 이런 직분까지 주신 이것, 이것이 바로 "내게도 보이셨느니라"의 은혜입니다.

셋째로, 보잘것 없는 자를 충성되게 여기시고 품어 주신 은혜가 있습니다.

우리가 소명을 받고 주님 앞에서 일을 하겠다고 열심을 내지만, 우리의 행위가 거룩하고, 완전하고, 전능하신 예수님의 눈에 들겠습니까? 그럴 리 없습니다. 만 가지가 허물투성이고, 불완전한 것뿐입니다. 그럼에도 불구하고 나 같은 것을 귀하게 여기시고, 완전한 자처럼 잘한다고 칭찬하면서 품어 주십니다. 이것 또한 바로 "내게도 보이셨느니라"의 은혜입니다.

저는 이 은혜의 감격을 압니다. 그렇지만 예수님은 우리 눈에는 보이지 않습니다. 보이지 않는 대상을 상대한다는 것은 늘 한세가 있습니다. 그래서 그 크신 주님이 나 같은 것을 불쌍히 여겨 직접 찾아와서 소명을 주신, 이 놀라운 은혜에 대해 어떤 때는 진하게 감동을 받지만, 어떤 때는 아무리 몸부림을 쳐도 느끼지 못하고 마음에 와 닿지 않을 때가 있습니다. 그럴 때마다 제게 감사한 것이 하나 있습니다. 제게는 작은 예수가 하나 있습니다. 그 작은 예수에 대한 감동은 나이가 들수록 더해 집니다. 그 작은 예수를 볼 때마다 예수 그리스도께서 나에게 베푸신 그 은혜에 다시 한번 새롭게 충만한 감격을 느낄 때가 많습니다. 좀 듣기 거북하실지 모르겠지만 동역자들끼리니까 이해하고 들어주시기 바랍니다. 설교에서 한번도 이런 얘기를 한 적이 없는데, 작은 예수는 바로 저의 아내입니다. 결혼하고 한 동안은 몰랐는데 나이 들어가면서 아내가 하나님께서 저에게 주신 작은 예수라는 것을 알게 되었습니다.

제가 아내를 가리켜 '작은 예수'라고 하는데는 이유가 있습니다. 저는 늦게 대학에 들어갔습니다. 못 들어갈 대학을 들어간 것입니다. 공부를 할 수 없는 처지였기 때문에 헤매고 방황하다가 늦게 들어갔는데, 들어가고 얼마되지 않아서 또다시 어려운 일이 많이 생겨, 결국 2학년 때 휴학을 하였습니다. 그때 목회를 하고 계신 외삼촌이 지방에 있던 아내를 소개시켜 주었습니다. 그러나 그 때 저의 처지가 여자로부터 관심을 살만한 아무런 매력이 없었습니다. 대학 2학년생에다 가장 인기 없는 목사 지망생…. 그 당시 목사 지망생이 얼마나 장가가기가 어려웠는지는 아마 상상하지 못할 것입니다. 게다가 고학생이었습니다. 그런데 외삼촌이 말씀을 잘 해 주셨는지, 아니면 아내 눈에 뭐가 씌었는지 저에게 오직 일편단심인 것입니다. 그 좋다는 의사 중매가 들어와도 요지부동이었습니다. 자기 오빠랑 동생이 다 서울에서 일류대학교에 다니고, 자기는 부산에서 유명한 여고를 우등생으로 졸업하고 비록 형편 때문에 대학은 못 갔지만, 저 같은 사람을 쳐다 볼 처지까지는 아니었습니다. 그런데도 저에게 한번 마음을 주고는 변함이 없었습니다. 그래서 3년 후에 결혼을 하였습니다. 결혼이라는 것이 성립될 수 없는 조건이었는데 참으로 희한한 일이었습니다.

저는 결혼하고 나서 신학대학원에 들어가고, 전도사를 거쳐, 부목사로 사역하고, 유학을 다녀오면서 아내를 무지무지하게 고생시켰습니다. 그럼에도 아내는 저를 떠나지 않고 30년이 넘도록 제 곁을 지켜주고 있습니다. 병이 나서 어려움을 당할 때 제 곁을 24시간 떠나지 않는 사람은 그 사람이었습니다. 저를 위해서 눈물을 흘리면서 새벽마다 기도해 주는 사람도 그 사람이었습니다. 제가 나이 들어가면서 '저 사람은 나에게 있어서 작은 예수이구나' 하고 생각할 때마다 마음이 촉촉이 젖어 옵니다. '아, 은혜가 이런 것이구나! 만삭되지 못한 나를 위해서 찾아오신 예수님의 은혜는 아내가 주는 것과는 비교가 안 될 정도로 큰 것이겠다.' 이렇게 느끼면서 은혜라는 것을 조금씩 조금씩 체험하게 되고 깨닫게 되는 저를 자주 발견합니다.

여러분, 은혜를 아십니까? 교역자는 크게 두 부류로 나뉘어집니다. 진짜 은혜를 아는 교역자와 은혜를 모르는 교역자입니다. 머리로 모른다는 것이 아닙니다. 은혜는 마음으로 젖어 들어와야 합니다. 나의 전 인격이 흔들릴 정도로 강한 것이 은혜입니다. 이 은혜를 아는 교역자가 있고, 모르는 교역자가 있습니다. 틀림없는 사실입니다.

여러분, 은혜를 아십니까? 정말 은혜 앞에 자신이 깨어지는 체험을 하셨습니까? 은혜 앞에 눈물이 솟는 경험을 하셨습니까? 자신을 볼 때마다 만삭되어 나지 못한 자 같다는 고백을 계속 하고 계십니까? 그리고 나 같은 것을 위하여, 나 같은 것을 사랑하여, 십자가에 죽으시고 부활하신 그 영광의 주님이 나를 찾아오셨다는 사실, 만나 주셨다는 사실 앞에 하염없이 감격하는 체험을 하셨습니까? 그렇다면 은혜를 아는 사람입니다. 머리는 돌아가는데 마음은 냉랭한 사람은 은혜를 모르는 사람이지요.

은혜를 아는 사람인가, 모르는 사람인가를 테스트할 수 있는 방법은 여러 가지가 있는데, 오늘은 본문에서 찾을 수 있는 다음 네 가지에 대해 말씀드리겠습니다.

첫째로, 진짜 은혜를 체험한 사람은 죄책감에서 자유롭습니다.

9절에서 바울은 이렇게 말합니다.

"내가 하나님의 교회를 핍박하였으므로."

바울은 한 때 예수 그리스도를 핍박했던 사람입니다. 말년에 가서 비슷한 고백을 합니다. "내가 전에는 훼방자요 핍박자요 포행자이었으나 긍휼을 입은 것은 내가 믿지 아니할 때에 알지 못하고 행하였음이라"(딤전 1:13)라고 이야기 합니다. 이 말씀에서 보면 사도 바울은 자기의 죄에서 완전히 자유함을 얻은 사람이고, 죄책감이 그를 괴롭힌다든지 그를 해치는 일은 없음을 알 수 있습니다. 그러나 과거를 잊을 수는 없습니다. 아무리 용서받았다고 해도 자기의 죄는 잊지 못합니다. 큰 죄를 잊었다고 하면 오히려 그것이 문제가 있는 것입니다.

바울도 늘 자기가 누구였다는 것을 기억하고 있습니다. 그러나 바울은 죄책감에서 자유로운 사람입니다. 예수 그리스도가 주신 자유를 평생 동안 마음껏 누리면서 산 사람입니다. 왜 그렇습니까? 만삭되지 못한 자기를 찾아오신, 부활하신 주님을 만났기 때문에 그렇습니다.

우리는 예수님을 믿기 이전에 범한 죄에 대해서는 그렇게 많은 죄책감을 갖고 있지 않습니다. 바울도 말하지 않습니까? 그것은 예수님을 몰랐을 때 지은 죄였다고요. 하지만 특별히 신학교에 들어가고, 목사로 부름 받은 후에 범한 죄에 대해서는 죄책감으로부터 자유로워질 수 있다는 게 결코 쉬운 일이 아닙니다. 절대로 쉽지 않습니다. 강단에서는 "주님이 우리의 모든 죄를 용서하셨습니다. 할렐루야!" 하고 뜨겁게 외쳐도 정작 본인의 가슴에는 냉기가 돌고 있습니다. 두려움이 있는 것입니다. 주님 앞에 항상 미안한 마음이 있는 것입니다. 그러니까 마귀가 그 약한 부분을 계속 공격하는 것입니다. 죄책감으로부터의 자유, 은혜 받으면 다 되는 줄 알아도 쉽지 않습니다. 특히 교역자들이 그렇습니다.

일본에 어느 목사님이 계십니다. 일본 교회에서 성도가 100명 넘는다고 하면 한국 교회에서 1만 명이 넘는 것과 같을 정도로, 일본은 목회 하기에는 박토 중에 박토입니다. 성도 1, 20명을 데리고 3, 40년씩 씨름하는 것이 보통입니다. 그런데 이 목사님은 우리 교회의 제자훈련 세미나를 마치고 돌아가면서 '제자훈련만이 우리가 살길이구나'라고 깊이 깨달아 제자훈련에 생명을 걸었습니다. 그런데 그 교회가 불 붙기 시작하였습니다. 제자훈련을 하면서 평신도들이 변하고, 변화된 평신도들의 가슴에 불길이 치솟고, 그들을 통해서 안 믿는 사람들이 복음을 듣게되어 몇 년 사이에 성도가 100명 가까이 이르렀습니다. 그리고 그 교회 평신도들이 얼마나 똘똘 뭉쳐서 교회 부흥을 위해서 기도하는지, 가서 보는 사람마다 감동을 받았습니다.

그런데 그 교회 목사님은 예수님을 믿기 전부터 성적인 문제가 조금 있었습니다. 하지만 그는 그것을 놓고 회개하였습니다. 용서받았습니다. 자기도 용서받은 줄 알았습니다. 그런데 제자훈련을 통해서 은혜 받고 교회에 부흥의 불길이 타오르자 마귀가 그의 가장 약한 부분을 공격하였습니다. 예쁜 주일학교 아이들이나, 예쁜 여자들을 보면 자기도 모르게 슬그머니 치마 밑으로 손이 들어가는 것입니다. 자기도 모르게 그렇게 되는 것입니다. 그래서 결국 그 교회를 사임하기까지에 이르렀습니다. 온 교인들이 눈물바다를 이루면서도 목사님의 사임을 받았습니다. 그 목사님은 지금 한 양로원으로 들어가 회개하는 마음으로 괭이 들고, 삽 들고 중노동 하면서 다시 쓰임받기 위해 회개하며 부르심을 기다리고 있습니다.

여러분, 이런 숨은 죄들이 있으면 죄책감이 금방 없어지지 않습니다. 교역자들 중에 성적으로 문제가 있는 사람들이 많습니다. 저도 인정합니다. 저도 밤중에 사모들로부터 목사님 문제 때문에 전화를 받은 적이 여러 번 있습니다. 자신이 연약해서 이런 치명적인 실수나 죄를 범하였다면, 설혹 회개하고 돌아왔다 하여도 죄책감으로부터 자유로워지기는 참으로 어렵습니다. 그러나 하나님의 은혜는 조건도 한계도 없습니다. 진정으로 회개하고 주님에게 매달리면 어떤 죄라도 용서받습니다. 이것을 극복하고 죄책감에서 자유함을 얻어야 비로소 은혜의 그 높은 경지에 오를 수가 있습니다. '나는 교역자가 되어서 이런 죄를 지었기 때문에 아무리 회개해도 소용이 없고, 아무리 용서 받았다고 해도 나는 덫에 매어 있는 사람일 뿐이야' 하는 의식이 계속 남아 있으면 그 사람은 세리든, 창녀든, 어떤 죄인이든 무조건 모든 사람들을 다 용서하시는 주님의 무한한 은혜를 아직 모르는 사람입니다.

바울은 디모데전서 1장 13절과 14절에서 자기를 "훼방자요, 핍박자요, 포행자였다"라고 고백하고 나서 뭐라고 합니까? "우리 주의 은혜가 그리스도 예수 안에 있는 믿음과 사랑과 함께 넘치도록 풍성하였도다" 라고 하였습니다. 그렇습니다. 하나님은 우리에게 은혜를 주시되 넘치도록 주십니다. 넘치는 은혜 안에는 남아 있는 것이 없습니다. 폭우가 내려 세상을 싹 쓸어갈 때 보면 남아 있는 것이 없습니다. 하나님의 은혜는 이처럼 넘치도록 임합니다. 그러므로 설혹 우리가 신학교에 들어가고, 목사가 되고 나서 본의 아니게 끌려들어 지은 죄가 있더라도 철저하게 회개하면 우리는 죄책감에서 자유함을 얻은 하나님의 자녀임을 믿으시기 바랍니다. 계속 끌려다니면 아무 일도 못합니다. 죄에서 해방된 환희가 있는 사람은 은혜가 있는 사람입니다. 진짜 은혜를 아는 사람은 죄를 반복해서 짓지 못합니다. 진짜 용서받은 축복을 누린 사람은 절대로 죄를 의도적으로 반복하지 못합니다.

둘째로, 진짜 은혜를 체험한 사람은 열등감에서 자유롭습니다.

본문에 보면 바울은 "나는 사도 중에 지극히 작은 자"라고 고백합니다. 바울은 베드로와 자신을 비교해 볼 때 열등감을 가질 수밖에 없습니다. 같은 사도이지만 베드로는 예수님이 직접 불러 3년간 훈련시킨 정말로 제자다운 제자가 아닙니까? 그러나 바울은 그렇지 않았습니다. 또 사도직 때문에 자기가 개척한 교회에서 자기를 불신하는 사람들이 자기를 괴롭힐 때 열등감이 작용했을 거라고 생각합니다. 그러나 본문에서 바울은 "나는 사도 중에 지극히 작은 자임에도 불구하고 부활의 주님이 나를 만나주셨다. 나에게 직분을 주셨다. 그리고 오늘까지 불쌍히 여기시며 나를 사용하신다"고 말합니다.

어떤 사람은 "열등감은 인간됨의 실존"이라고 말하였습니다. 이 말을 바꾸면 인간치고 열등감 없는 사람이 없다는 말입니다. 맞는 말 같습니다. 누구든지 비교의식을 가지기 마련입니다. 환경이 그렇게 만듭니다. 이래도 저래도 비교하게 됩니다. 그런데 저는 은혜를 안 다음부터 비교하지 않았습니다.

저는 사랑의교회를 개척하고 사역하면서 지금까지 한번도

누구와 비교해 본 적이 없습니다. 하나님께서 저에게 그런 은혜를 주셨습니다. '저 분은 저 분이고 나는 나다' 하고 생각하였습니다. 바로 이것입니다. 이것은 중요합니다.

제가 개척할 때만 해도 강남에는 기라성 같은 교회들이 불꽃이 튀듯이 부흥하던 시기였습니다. 그러나 저는 이상하게도 비교하지 않았습니다. "저의 분수에 지나친 일은 시키지 마세요. 제 몸에 맞지 않는 옷은 입히지 마세요. 제가 앉기에 거북한 의자에는 앉히지 마세요. 제 분수는 하나님이 가장 잘 아시니까 주님의 종으로서 잘못되지 않게만 일을 시켜 주세요" 하는 것이 저의 기도 제목이었습니다. 그러니 몇 사람을 놓고 제자훈련을 하든, 아무것도 없이 날마다 어려움 속에서 사역을 하든, 하나님께서 나의 분수에 맞게 주시는 은혜라고 믿으니까 비교할 필요가 없는 것입니다. 비교하지 않으니까 저에게 열등감이 생기지 않았습니다. 왜 열등감이 생깁니까?

제가 좋아하는 후배들이 몇 명 있습니다. 저는 떳떳한 사람을 좋아합니다. 시골에 박혀서 목회를 하든, 장애인들과 목회를 하든, 부목사로 일을 하든, 떳떳하게 목회하는 모습을 보여 주고, 만나도 비실비실하지 않고, 비굴하지 않고, 떳떳하게 눈 똑바로 뜨고 쳐다보는 사람을 좋아합니다. 심지어 제가 뭐 대교회 목사라고 해서 어려워하는 것보다는 어떤 때는 인사도 하지 않고 쓱

지나가는 도도한 사람을 좋아합니다. 왜 비교합니까? 하나님이 나 같은 사람을 불렀으면 나에게만 시키는 일이 있습니다. 이것을 믿으시기 바랍니다. 은혜를 아는 사람은 이것을 압니다. 그러므로 비교하지 않습니다. 비교하지 않으니까 열등감이 없고 자유롭습니다. 여러분이 만약 열등감 때문에 힘들어지는 순간들이 있으면 하나님께 은혜를 구하시기 바랍니다. 만삭되지 못한 자같이 태어난 나를 찾아와 주신 주님의 그 은혜를 다시 회복하시기 바랍니다. 그러면 열등감이 사라집니다.

셋째로, 진짜 은혜를 체험한 사람은 정말로 충성합니다.

10절 말씀에서 바울은 "내가 모든 사도보다 더 많이 수고했다"고 말하고 있습니다. 자기 몸을 던져서 죽도록 사역한 것입니다. 죽을지도 살지도 모르고 사역을 한 것입니다.

가끔 강사들이 이야기할 때 들으면 "가정을 중시하라", "건강을 조심하라"고 합니다. 하지만 은혜에 확 사로잡히니까 가정도 눈에 안 보이고 건강도 생각이 안 났습니다. '어떻게 하면 주님이 기뻐하시는 향기로운 제물이 되기 위해서 젊었을 때, 아직 힘이 있을 때 더 최선을 다해서 헌신할까?' 이 생각만 들었습니다. 그래서 어떤 때는 아내의 눈에서 눈물도 빼고, 자녀들로부터 불평을 듣고, 건강도 해치고 그랬습니다. 물론 제가 잘했다는 것은 아닙니다. 은혜가 이렇게 강하다는 것을 말씀드리고 싶은 것입니다.

은혜는 강합니다. 은혜에는 나를 완전히 불태우도록 만드는 아주 신비한 힘이 있습니다. 그렇기 때문에 바울이, 순교자가 될 정도로 수고한 많은 사람들 중에서 "나는 더 수고했다"고 고백하는 것입니다. 그 이유는 바울에게 그 만큼 은혜가 넘쳤다는 것입니다.

모 신문에 사랑의교회에서 5천여 명이 장기 기증을 했다는 기사가 실렸습니다.

박진탁 목사님이 몇 년 전에도 오셔서 같은 설교를 했는데, 그 당시에는 600명밖에 하지 않았습니다. 그런데 이번에는 5천여 명이나 장기 기증을 한 것입니다. 제가 7, 8월에 강단을 비우고 있었고, 교인들도 그 주간에 박 목사님이 오시는 줄도 몰랐습니다. 그런데 박 목사님이 오셔서 설교를 하셨습니다. 저도 테이프로 설교를 들었는데 몇 년 전의 설교와 똑같았습니다.

"나는 피가 없어서 죽어가는 사람을 보다 못해서 만나는 사람마다 피를 뽑자고 말하는 사람인데 3, 40년 동안 그렇게 뛰다 보니까 자식을 낳아서도 이름을 '박뽑기'라고 지었다. 그리고 나이가 60을 바라보고 있지만 지금도 3개월마다 한 번씩 피를 뽑는다. 그리고 나는 몇 년 전에 신장 하나를 떼어서 다 죽어가는 환자에게 이식해서 살렸다" 하고 말하니 얼마나 감동적입니까? 그래서 교인들이 마음이 뜨거워져, 그 자리에 모인 1만 3천 명 가운데서 5천여 명이 장기 기증을 하겠다고 서원한 것입니다. 담임 목사가 앞에서 "여러분, 이렇게 합시다" 하고 권면을 한다든지 약간 강요를 했다면 이해가 갑니다. 담임 목사도 없는 주일날 그들이 그렇게 서약서를 써 낸 것입니다.

여러분, 평생을 장기 기증과 헌혈에 헌신한 사람의 말에도 이렇게 감동해서 장기를 기증하는데, 나 같은 죄인을 사랑하사 나를 위하여 십자가에 죽으신 예수 그리스도, 그분이 만삭되지 못하고 난 자 같은 나를 찾아와 구원해 주시고, 영광스런 직분을 맡겨 주셨는데 그 은혜 앞에 자기를 불태우고 싶은 헌신의 마음이 안 생긴다면 이상하지 않습니까? 어떤 목사가 자신의 장기를 떼어 주었다는 말을 듣고 감동받아 '나도 장기를 떼어주겠다'고 나오는 사람들도 있는데, 하나님이 나를 부르시고, 당신의 피로 값 주고 사신 교회의 양떼들을 맡기면서 "내 양을 치라"고 하셨는데, 충성하고 싶은 마음이 안 생깁니까? 옆 교회 목사가 3을 충성하면 나는 5만큼 충성하고 싶은 마음이 생기지 않습니까? 안 생기면 비정상입니다. 여러분, 은혜를 누리셔야 합니다.

앞으로의 시대는 과거보다 더 큰 희생을 요구하는 시대입니다. 우리의 피를 요구할 것입니다. 우리의 눈물을 요구할 것입니다. 우리의 땀을, 아마 우리의 생명까지도 요구할 것입니다.

과연 누가 주님의 가슴을 시원하게 할 수 있겠습니까? 누가 이 어두움의 시대를 밝히는 등불이 되겠습니까? 누가 이 병든 사회를 치유하며, 하나님의 교회를 통해서 주의 통치하심이 이 땅에 임하게 하겠습니까? 누구입니까? 계산적으로 일하는 사람입니까? 아닙니다. 은혜에 감격하여 자신을 망각하고 주님의 제단에 자신을 올려놓는 충성된 헌신자만이 할 수 있습니다. 은혜를 모르면 하던 일 다 집어 치우고 은혜를 알 때까지 주님 앞에서 기다리십시오. 은혜를 모르면 안 됩니다.

넷째로, 진짜 은혜를 체험한 사람은 자랑하지 않습니다.

10절 말씀에서 바울이 뭐라고 하였습니까? "내가 모든 사도보다 더 많이 수고하였으나 내가 아니요 오직 나와 함께하신 하나님의 은혜로라."고 하였습니다. 자기는 완전히 없어졌습니다. 바울이 얼마나 많은 일, 얼마나 위대한 일을 하였습니까? 그러나 그는 자기가 했다고 하지 않았습니다. 오직 주님이 하셨고, 주님의 은혜로 했다고 하였습니다. 그는 하나님께만 영광을 돌렸습니다.

저도 이런 면에서는 아직도 완전히 때가 씻겨지지 않은 사람입니다. 뭔가 자랑하려고 합니다. 하지만 자기를 자랑하는 사람은 아직도 은혜의 깊은 강물에 들어가지 못한 사람입니다. 자기가 살아 있어서 자랑이 나오는 것입니다. 내가 안 했는데 왜 자랑을 합니까? 내가 아니요, 오직 하나님의 은혜로 한 것인데, 왜 내가 거기에 끼어들어 자랑을 합니까? 은혜를 아는 사람은 자기를 내놓지 않습니다. 자기를 잃어버립니다.

나를 찾아와 주신 주님의 은혜를 다시 한번 체험합시다. 그분의 발 앞에 엎드려, 그분의 옷자락을 거머쥐고 흐느끼면서 내 생명도 드리겠다고 고백하는 자리에까지 나아가시기 바랍니다. 그럴 때 우리가 살아납니다. 은혜가 우리를 살립니다. 죄책감에서 자유롭게 합니다. 자기 자랑을 하지 않게 합니다. 충성되게 만듭니다. 열등감에서 벗어나게 합니다.

우리 모두 이런 은혜의 자리로 나아가길 다시 한번 간절히 기도합니다.

하나님만 바라라

교회갱신을 위한 목회자협의회 영성수련회(2000. 8. 21)

"하나님이여 사슴이 시냇물을 찾기에 갈급함같이 내 영혼이 주를 찾기에 갈급하니이다. 내 영혼이 하나님 곧 생존하시는 하나님을 갈망하나니 내가 어느 때에 나아가서 하나님 앞에 뵈올꼬. 사람들이 종일 나더러 하는 말이 네 하나님이 어디 있느뇨 하니 내 눈물이 주야로 내 음식이 되었도다. 내가 전에 성일을 지키는 무리와 동행하여 기쁨과 찬송의 소리를 발하며 저희를 하나님의 집으로 인도하였더니 이제 이 일을 기억하고 내 마음이 상하는도다. 내 영혼아 네가 어찌하여 낙망하며 어찌하여 내 속에서 불안하여 하는고 너는 하나님을 바라라 그 얼굴의 도우심을 인하여 내가 오히려 찬송하리로다. 내 하나님이여 내 영혼이 내 속에서 낙망이 되므로 내가 요단 땅과 헤르몬과 미살 산에서 주를 기억하나이다. 주의 폭포 소리에 깊은 바다가 서로 부르며 주의 파도와 물결이 나를 엄몰하도소이다. 낮에는 여호와께서 그 인자함을 베푸시고 밤에는 그 찬송이 내게 있어 생명의 하나님께 기도하리로다. 내 반석이신 하나님께 말하기를 어찌하여 나를 잊으셨나이까 내가 어찌하여 원수의 압제로 인하여 슬프게 다니나이까 하리로다. 내 뼈를 찌르는 칼같이 내 대적이 나를 비방하여 늘 말하기를 네 하나님이 어디 있느냐 하도다. 내 영혼아 네가 어찌하여 낙망하며 어찌하여 내 속에서 불안하여 하는고 너는 하나님을 바라라 나는 내 얼굴을 도우시는 내 하나님을 오시려 찬송하리로다. 하나님이여 나를 판단하시되 경건치 아니한 나라에 향하여 내 송사를 변호하시며 간사하고 불의한 자에게서 나를 건지소서. 주는 나의 힘이 되신 하나님이시어늘 어찌하여 나를 버리셨나이까 내가 어찌하여 원수의 압제로 인하여 슬프게 다니나이까. 주의 빛과 주의 진리를 보내어 나를 인도하사 주의 성산과 장막에 이르게 하소서. 그런즉 내가 하나님의 단에 나아가 나의 극락의 하나님께 이르리이다 하나님이여 나의 하나님이여 내가 수금으로 주를 찬양하리이다. 내 영혼아 네가 어찌하여 낙망하며 어찌하여 내 속에서 불안하여 하는고 너는 하나님을 바라라 나는 내 얼굴을 도우시는 내 하나님을 오히려 찬송하리로다"(시 42, 43편).

시편 42편과 43편은 한 편으로 이루어진 말씀인데, 편리상 두 편으로 나누어 놓은 것입니다. 저자가 누구인지는 잘 모르나, 칼뱅과 스펄전을 비롯한 위대한 성경해석자들은 주로 다윗이라고 말을 합니다. 하지만 그것도 확실하지는 않습니다. 확실한 것은 이 저자가 낙망하고 있다는 것입니다. 마음에 상처를 받고, 불안에 떨고 있습니다. 특히 42편 5절과 11절, 43편 5절에 반복되는 "내 영혼아 네가 어찌하여 낙망하며 어찌하여 네 속에서 불안하여 하는고" 하는 말씀을 보면 확실히 알 수 있습니다. 저자가 낙망하는 원인이 무엇이겠습니까? 본문을 잘 살피면서 묵상하면 세 가지 정도 그 원인을 유추해낼 수 있습니다.

첫째로, 자기 눈앞에 펼쳐진 현실을 보고 낙망하고 있습니다.

구체적으로 그가 어떤 현실을 목전에 두고 있는지 말하기는 어렵지만 그가 "원수의 압제"나 "대적의 비방"이나 "경건치 아니한 나라"와 같은 표현을 쓰는 것을 보면 대충 짐작할 수 있습니다. 그는 아마 이스라엘 나라 밖 어느 곳인가에 가 있는 사람입니다. 또 그는 하나님을 섬기는 거룩한 성소로부터 멀리 떨어져 있습니다. 그리고 그 성소에 가서 하나님을 찬양하고, 경배하고, 제사드리고 싶어도 결코 그럴 수 없는 암담한 상황에 놓여 있는 것입니다. 뿐만 아니라 자기를 둘러싸고 있는 모든 분위기는 비신앙적이며 무신론적입니다. "네 하나님이 어디 있느냐?" 하면서 밤낮없이 비아냥거리고 하나님을 멸시하는 사람들로 가득한 것을 보고 있는 것입니다. 이와 같은 현실을 앞에 놓고 그는 마음에 엄청난 절망을 체험하고 있습니다.

둘째로, 무능한 자기 자신을 보면서 절망하고 있습니다.

자신이 처한 현실이 이처럼 하나님을 멀리 떠나 있고 하나님이 무시와 조롱을 당하지만 정작 자신은 이 문제를 터럭만큼도 극복하지 못하는 것에 절망하는 것입니다. 그래서 어느 성경학자는 다음과 같은 재미있는 말을 하였습니다.

"시편 42, 43편 전체를 보면 이 저자의 입에서는 '나'라고 하는 1인칭이 끊임없이 쏟아져 나온다. '나', '나를', '나의' 하면서 자기를 지칭하는 1인칭이 51번이나 나온다. 그 대신 '하나님', '주님' 하는 말은 20번 정도밖에 안 나온다. 처음부터 마지막까지 온통 내가 어쩌고저쩌고 하고 떠든다."

이는 저자의 눈이 자기 자신에게 집중되어 있다는 것을 의미합니다. 현실을 극복할 수 없는 무능한 자기 자신만을 보고 절망하는 것입니다.

셋째로, 현재와 과거를 비교하면서 절망하고 있는 것입니다. 42편 4절을 보면 잘 알 수 있습니다.

> "내가 전에 성일을 지키는 무리와 동행하여 기쁨과 찬송의 소리를 발하며 저희를 하나님의 집으로 인도하였더니 이제 이 일을 기억하고 내 마음이 상하는도다."

이처럼 지난 일을 그리워하면서 과거와 현재를 비교하니 자기도 모르게 마음이 낙망되고 불안해지는 것입니다.

이상과 같은 세 가지 사실을 통해 우리는 저자의 상황을 대충 짐작할 수 있습니다. 눈앞에 벌어진 현실을 보고 절망하고, 그 현실을 어떻게 처리할 수 없는 무능한 자신을 보며 불안해 하고, 과거에 비해 현재가 좋지 않다는 사실 때문에 우울하며 낙담하는 것입니다.

저는 이 시편 42편의 내용을 읽고 묵상하면서 이 저자를 통해 반사되는 저 자신을 봅니다. 이 저자에게서 제 모습을 비춰보게 되고 그러면서 저와 많이 닮았다는 생각을 해 봅니다. 우리 눈앞에 있는 세속화된 현실과 교회 때문에 저는 종종 낙망합니다. 그리고 세상을 보나 교회를 보나 탄식만 했지 그 상황을 개선할 만한 능력과 지혜와 용기가 전혀 없는 저 자신을 보며 낙망하고 불안해 하고 답답해 합니다. 뿐만 아니라 한국 교회의 30년 전과 지금을 비교해 보면서 저도 모르게 절망합니다.

오늘날 우리 눈앞에 있는 현실을 보십시오. 세상을 한번 보십시오. 가장 무서운 것이 가정의 파괴가 아닙니까? 세상의 모든 죄악이 파괴된 가정에서 싹트고 열매를 맺어 이 사회를 더럽히고 사람들을 잘못된 곳으로 이끌어 가고 있습니다.

요즘 협의이혼과 소송이혼이 1년에 17만 건이나 발생한다고 합니다. 모 판사가 하는 말을 들었는데, 이혼하는 사람들의 대부분이 2, 30대인데, 이혼을 하고 서로 돌아서면서 후회를 하거나 눈물을 흘리거나 가슴 아파하는 사람을 거의 보지 못했다는 것입니다. 그 문제를 놓고 전혀 양심의 가책을 느끼지 못하는 것입니다. 더 기가 막힌 것은 교회 안에서도 이제 이혼은 상식화 되어가고 있다는 것입니다. 장로의 입에서도 "어쩔 수 없지"라는 말이 나오고, 새벽마다 기도하는 권사의 입에서도 자기 딸이 못살겠다고 하면 "이혼해라" 하고 대수롭지 않게 말하는 시대가 되었습니다.

어느 조사를 보니 미국의 경우는 불신자의 이혼율과 성도의 이혼율이 거의 비슷해지고 있다고 합니다. 가정이 파괴되고 있는 것입니다. 그 파괴된 가정에서 오만가지 악이 싹트고 있습니다. 이것이 오늘날 우리의 현실입니다.

청소년들은 인터넷 등을 통해 너무나 해로운 문화에 그대로 노출되어 있고, 폭력과 경건치 못한 방종과 사치에 휘말리고 있습니다. 사회 분위기는 점점 탈 기독교적인 경향을 띠고 있습니다. 점점 반기독교적으로 흐르고 있습니다.

1982년도에 우리나라에 정식 등록된 무당의 수는 3만 명이었습니다. 그런데 1997년에는 80만 명이나 되었습니다. 교회가 부흥하였습니까? 무당과 점쟁이가 부흥하였습니까? 하나님을 섬기는 경건한 백성이 늘어난 것입니까? "네 하나님이 어디 있느냐"며 떠벌이고 비아냥거리는 반기독교적인 사람이 늘어난 것입니까?

우리는 압구정동 같은, 가장 잘 사는 사람들이 버티고 있는 곳에 무당과 점쟁이들이 메카를 이루고 있다는 사실을 잘 알고 있습니다. 이것이 오늘날 우리의 현실입니다.

밀실 문화가 암세포처럼 퍼져가고 있습니다. 모두가 '방' 입니다. 전화방, 노래방, pc방, 만화방, 찜질방, 채팅방, 화상대화방, 온통 '방' 입니다. 그 방 속에서 무슨 일이 일어나고 있는지 잘 알지 않습니까?

몇 년 전에 독일 튀빙겐 대학의 명예 교수로 일하고 있는 한스 큉을 한국의 모 일간지 기자가 취재한 일이 있습니다. 그 때 한스 큉 교수가 한 말은 어찌보면 소름끼치는 말이었습니다.

"21세기에는 기성 교회가 쇠퇴합니다. 반면에 일반 사람들의 종교적 관심도는 점점 더 커져서 불건전한 영성 운동이 활발해질 것입니다."

우리는 21세기에 들어온 지 불과 얼마되지 않아서 이 예언이 맞아 떨어지고 있는 것을 보고 있습니다. 또 그가 말하였습니다.

"앞으로 산업화가 계속되고 민주주의와 과학 기술의 발전이 계속되면 사람들이 오랫동안 당연한 존재로 여겼던 하나님이 어느 날 갑자기 사라져버린 것을 발견하게 될 것입니다."

막스 베버가 말한 것처럼 '세계 각성'이 일어나는 것입니다. 무슨 말인가 하면, 잘 먹고 잘 살고 자신감이 생기다 보니까 '그동안 괜히 하나님만 찾으면서 매달려 살았구나. 그럴 필요가 없는데' 하고 생각하는 사람들이 갑자기 많아진다는 것입니다. 그런 분위기에서 오랫동안 기정사실로 인정된 하나님이 증발해버리는 것입니다. 새삼스럽게 세상이 하나님 없이도 살 수 있다는 각성을 하는 것입니다. 이런 시대가 21세기라고 말합니다.

이런 통탄스러운 세상을 앞에 놓고 교회가 어떻습니까? 이제 더 이상 사람들의 관심이 교회로 쏠리지 않습니다. 교인 수는 줄어드는데 교회 수는 증가하고 있다는 것이 현재의 통계입니다. 젊은이들이 중소 교회에서 썰물처럼 빠져 나갑니다. 개척 교회가 잘 안 됩니다. 이것은 무엇을 의미합니까?

부천에 있는 어느 목사는 죽어라 일해도 개척 교회가 안 되니까 나중에는 동네방네 다니면서 방화를 저지르다가 투옥되었습니다. 한국 교회가 그동안 자랑하던 '무조건적인 헌신', '오직 주님'이라고 하는 그 아름다운 신앙의 자세가 점점 헤이해지고 있습니다. 2, 30년 전에 이곳저곳에서 불타오르던 성령의 불길이 오늘 어디 있느냐고 하면 아무도 대답할 사람이 없습니다. 그럼에도 불구하고 교회 지도자들은 위기의식을 느끼지 못한 채 힘겨루기에 정신없고, 대접받기에 정신없고, 자기 건강 챙기기에 정신없이 하루하루를 보내고 있습니다. 이것이 오늘날 교회의 현실이 아닌가 생각합니다.

저만 그렇게 느끼는 것이 아닙니다. 몇 주 전에 우리 교회에 선교사 한 분이 오셔서 설교를 하였습니다. 내전으로 인해 초토화된 아프리카의 시에라리온(Republic of Sierra Leone)이라는 나라에서 15년 가까이 목숨을 걸고 복음을 전하다가 안식년을 맞아 들어왔습니다. 안식년을 세 번째 맞아서 귀국했는데 들어올 때마다 우리 교회에 와서 설교를 하였습니다. 또 다른 교회에 가서도 설교를 하였습니다. 그는 강단에 올라가서 대뜸 "한국 교회가 변하고 있습니다. 5년 전만 해도 그렇지 않았는데 이번에 들어와서 보니 한국 교회가 영적으로 매우 어두워지고 있다는 느낌을 받습니다"라고 말하였습니다. 저는 그 말을 듣고 긍정을 하면서도 충격을 받았습니다. 날마다 한집에 사는 사람들은 서로의 얼굴이 어떻게 변해가는지 잘 모르지만 오랜 기간 떨어져 있다가 만나는 사람은 그 사람의 얼굴이 변한 것을 금방 알아차립니다. 우리는 우리의 현실 속에 있기 때문에 한국 교회가 영적으로 어느 정도로 기울어져 가고 있는지 잘 모릅니다. 그러나 밖에서 복음을 위해 목숨을 걸고 싸우다 들어온 사람은 직감적으로 느끼는 것입니다. 10년 전에 왔을 때는 은혜를 받고 갔습니다. 5년 전에 왔을 때도 그런대로 영적으로 재충전을 받고 갔습니다. 그러나 이번에 와서는 마음의 공허함만 느꼈다고 합니다. 그리고는 오래 있지 않고 바로 선교지로 돌아갔습니다. 그 선교사의 말을 들으면서 우리 스스로가 평가하는 것보다도 한국 교회의 현실이 심각하다고 느꼈습니다.

저는 지난 7월 초에 시드니 연합 집회에 초청을 받아서 갔습니다. 수 년 동안 약속을 어기면서 가지 못하다가 금년에 가게 되었는데, 올림픽 기념으로 시드니 지역에서 연합 집회를 하였습니다. 낮에 어느 목사의 안내를 받아 식당으로 가는 도중 한 교회를 보게 되었는데, 그 교회에는 십자가가 없었습니다. "왜 십자가가 없는가?" 하고 물었더니 지금은 교회가 아니라 유명한 음식점이라는 것입니다. "외관을 바꿔서 레스토랑을 하면 좋을 텐데 왜 그대로 사용하는가?" 하고 물었더니 교회 모양을 하고 있어야 인기를 끈답니다. 강대상이 있던 자리는 A석이고, 성가대석이 B석이랍니다. 물론 술도 팝니다.

저는 그게 남의 나라 이야기로 들리지 않았는데 이유가 무엇이었겠습니까? 차라리 제 입에서 "망할 놈의 나라"라는 욕이라도 나왔으면 좋겠는데 도리어 두려움에 휩싸이게 된 이유가 무엇이었겠습니까? 지금 상황 같으면 우리나라는 그렇게 되지 않는다고 누가 장담할 수 있겠습니까?

이처럼 세상을 보아도 그렇고, 교회를 보아도 그렇고, 절망하고 불안해 하지 않을 수 없는 현실입니다. 이 현실을 보고 낙망하는 것이 잘못입니까? 이 현실을 놓고도 어떻게 할 수 없는 나 자신의 무력함, 왜소함을 보고 낙심하는 것이 비신앙적입니까? 낙망하는 것은 신앙이 아닙니까? 목사가 낙망하는 것은 믿음이 적기 때문이라고 말할 수 있습니까? 위장하지 맙시다. 이런 상황을 놓고, 이런 내 자신을 보고, 과거와 현재를 비교하면서 오히려 낙망하고 불안해 하고 마음이 상해서 잠을 자지 못하고서 신음하는 편이 영적 지도자다운 자세가 아닐까요? 믿음이 있는 사람은 낙망하면 안 되고, 고민도 하면 안 되고, 강단에 서면 좋은 말만하고 긍정적인 설교만 해야 할까요?

성경을 보십시오. 위대한 믿음의 사람들 가운데 어려운 상황 속에서 낙망하지 않은 사람이 있습니까? 요셉에 대해 '낙망' 이라는 단어를 안 썼다고 해서 어린 요셉이 한번도 낙망을 하지 않았다고 말할 수 있습니까? 성경에 등장하는 위대한 인물 치고 낙망하지 않은 사람은 단 한 사람도 없습니다. 저는 성경을 볼 때마다 그들의 입에서 나오는 신음을 듣습니다. 그들의 가슴에 뭉쳐 있는 불안을 들여다봅니다. 낙망하였습니다. 한번이 아니라 어려운 일 당할 때마다 낙망하였습니다. 자기 자신을 보고, 또 현실을 보고, 과거와 비교하면서 몸부림 쳤습니다. 이것이 성경에 나오는 위대한 인물들의 모습입니다.

믿음의 사람이 하는 낙망에는 특징이 있습니다. 결국 하나님을 갈망하게 된다는 것입니다. 불신자는 낙망으로 끝이 납니다. 하지만 믿음의 사람들은 불안하면 불안할수록 하나님께 부르짖습니다. 이것이 특징입니다. 찬송가 405장 '나 같은 죄인 살리신'의 작사자로 잘 알려진 존 뉴턴은 이렇게 말하였습니다.

"믿음의 사전에는 낙망이라는 단어가 없습니다. 세상 사람에게 낙망되게 보이는 것이 믿는 자들에게는 하나님께로 가는 길을 알려 주기 때문입니다."

옳은 말입니다. 낙망하지 않는다는 말이 아니라 낙망으로 끝나지 않는다는 말입니다. 결국 믿는 자의 낙망은 하나님을 찾게 만들고 하나님을 갈망하게 만든다는 겁니다.

오늘 우리가 읽은 시편 저자가 바로 그런 사람입니다.

> "내 영혼아 네가 어찌하여 낙망하며 어찌하여 네 속에서 불안하여 하는고 너는 하나님을 바라라."

"하나님을 바라라"는 말을 원문대로 보면, "하나님께 소망을 두라"는 말입니다. 그러면 어떻게 하는 것이 하나님을 바라는 것입니까? 42편 1절 말씀이 그 해답입니다.

> "하나님이여 사슴이 시냇물을 찾기에 갈급함같이 내 영혼이 주를 찾기에 갈급하니이다."

바라는 것은 갈급하고 갈망하는 것입니다. 저는 사슴이 목이 마를 때 얼마나 이 산 저 산 헤매며 시냇물을 찾아다니는지 본 적이 없습니다. 그러나 얼마든지 추측할 수 있습니다. 유대 나라처럼 건기가 오래 계속되면 시냇물이 다 마릅니다. 그러면 사슴을 비롯한 모든 동물들이 물을 찾기에 혈안이 될 수밖에 없습니다. 목이 탑니다. 그래서 여기저기 정신없이 찾아 뛰어다닙니다. 한번 상상해 보세요. 어떤 상황입니까? 물 아니면 죽음이라는 위기의식을 가지고 찾습니다. 물을 찾으면 살고, 못 찾으면 죽습니다. 그러니 물 아니면 죽음이라는 절박한 심정을 가지고 헤매는 것이 소위 사슴이 시냇물을 찾듯이 갈급해 하는 것입니다.

그렇다면 사람이 이렇게 할 수 있을까요? '하나님을 찾으면 살고, 하나님을 찾지 못하면 죽는다.' 이와 같은 절박한 심정을 가지고 우리가 하나님을 바랄 수 있을까요? '하나님을 내 안에 모시고 살고, 하나님이 언제나 나와 동행하신다는데 무엇 때문에 사슴이 시냇물을 찾듯 하나님을 찾아야 하느냐?' 라고 생각할지 모르지만, 입으로는 하나님이 나와 함께 계시고, 나는 하나님과 동행한다고 해도 정작 우리의 영혼 깊은 곳엔 하나님이 없을 수도 있습니다. 이것을 인정할 필요가 있습니다. 우리가 거룩하게 모여서 예배를 드려도 영혼의 갈증을 느낄 수가 있습니다. 실존의 갈망이 우리 안에 얼마든지 있을 수 있습니다.

아무리 믿음이 좋은 사람이라도 시편 저자가 당면하고 있는 현실에 놓이게 되면 하나님이 멀리 계신 것 같은 절박함을 느낄 수 있습니다. 하나님이 멀리 계시고, 하나님은 침묵하고 계시고, 하나님은 나의 문제에 관여하고 있지 않다는 외로움을 얼마든지 느낄 수 있습니다. 이럴 때는 찾아야 합니다. 신앙고백으로 해결되는 것이 아닙니다. 하나님만을 찾아야 합니다.

모세를 한번 보십시오. 모세와 하나님을 떼어 놓고 생각할 수 있습니까? 그러나 목이 곧은 이스라엘 백성이 하나님께 대항하고 모세를 대적할 때 그는 그 현실 앞에서 몸서리 칠 정도로 절망하였습니다. 절망하자 모세가 어떻게 하였습니까? 호렙 산 꼭대기에 올라가서 40일 동안 식음을 전폐하고 하나님을 찾느라 정신이 없었습니다. 오직 하나님만 사모하고, 하나님만 만나고, 하나님 음성만 듣기 위해서, 그는 모든 것을 철폐하고 매달렸습니다. 이게 바로 사슴이 시냇물을 찾는 것과 흡사하다고 생각합니다. 모세가 한번만 그랬습니까? 잘은 모르지만 신명기를 읽어보면 적어도 세 번 이상 하나님께 매달렸던 흔적을 발견할 수 있습니다.

또 에스라를 보십시오. 바벨론 포로에서 2차로 귀환한 에스라는 이스라엘 백성들이 가나안 사람들을 비롯한 이방 족속들과 가증한 일을 행하고 통혼하고 있다는 소식을 듣자, 낙망한 나머지 옷을 찢고, 머리털과 수염을 쥐어뜯고, 가슴을 치며 땅바닥에 앉아서 어두워 질 때까지 일어날 줄을 몰랐다고 성경에 기록되어 있습니다(스 9:3).

이 자세가 뭡니까? 하나님을 찾는 자세입니다. 갈망하는 자세입니다. 하나님 외에는 소망이 없기 때문입니다. 하나님을 만나야만 이 어려운 절망의 상황을 극복할 수 있기 때문입니다.

그렇게 한나고 해서 에스라가 믿음이 없는 사람입니까? 불신자입니까? 누가 그런 말을 할 수 있습니까?

한나도 상황이 너무나 절망스러운 나머지 성소에 와서 입 속에 기도를 담고 중얼중얼하면서 시간 가는 줄 모르고 앉아 있다가 술 취한 여자로 오해 받기도 하였습니다.

예수님도 인류의 모든 죄를 짊어지고 십자가를 지시기 전, 심히 연약한 인간의 모습을 보여 주셨습니다. 그때 그분은 땀방울이 피가 되어 흘러내리기까지 하나님 앞에 매달리셨습니다.

이와 같이 하나님을 갈망하는 집요함, 끝을 내고야 말겠다는 집요함, 아마 이것이 사슴이 시냇물을 찾는 갈증의 모습이라고 생각합니다. 지금 우리가 목전에 두고 있는 현실은 우리에게 이와 같은 집요함을 요구하는 것 같습니다. 이와 같은 집요함을 가지고 하나님을 찾는 자세를 요구하는 것 같습니다. 그런 지도자를 요구하는 것 같습니다. 그런 교회를 요구하는 것 같습니다.

여러분이 왜 존재해야 하는지 하나님 앞에 조용히 질문한다면, 바로 오늘의 현실을 앞에 놓고 시냇물을 찾아 헤매는 사슴처럼 집요함을 가지고, 찾으면 살고 못 찾으면 죽는다는 심정을 가지고 하나님 앞에 매달려야 하는 그런 사명을 요구하고 계신지도 모르겠습니다.

여러분 자신에게 물어보십시오. 시편 저자와 같이 낙망하고 있습니까? 불안해 하고 있습니까? 네 하나님이 어디 있느냐고 빈정대는 반기독교적인 사회를 보고 낙망하십니까?

다시 한번 묻습니다. 오늘날 한국 교회의 현실을 놓고 여러분은 얼마나 낙망하고 얼마나 답답해 합니까? 과거 위대한 선배들의 그 아름답고 화려한 영적인 역사와 오늘 우리가 책임지고 있는 현실을 비교하면서 얼마나 낙망하고 고통받고 몸부림치고 있습니까? 만약에 이와 같은 낙망과 불안함이 있다면 여러분은 하나님의 사람이라 할 수 있습니다. 성령의 사람이라 할 수 있습니다. 이것이 있다면 틀림없이 갈증을 느낄 것입니다. 하나님을 찾는 갈증 말입니다.

> "하나님이여 사슴이 시냇물을 찾기에 갈급함같이 내 영혼이 주를 찾기에 갈급하니이다. 내 영혼이 하나님 곧 생존하시는 하나님을 갈망하나니 … 내 눈물이 주야로 내 음식이 되었도다"(시 42:1-3).

하나님이 아니면 소망이 없는 사람처럼 하나님을 찾는 갈급함이 여러분에게 분명히 있을 것입니다. 하나님을 만날 때까지 포기하지 않는 집요함, 그의 음성을 들을 때까지 일어나지 않는 집요함, 죽으면 죽으리라 하는 절박한 집요함을 가지고 하나님을 찾을 것입니다.

올 7월 말쯤 저는 휴가를 이용해 춘천에 갔었습니다. 춘천 근교에 하얀 백로들이 떼를 지어서 모여 사는 숲이 있습니다. 우람한 소나무 숲에 300여 마리가 되는 백로가 앉았는데 멀리서 보니 참으로 장관이었습니다. 그런데 막상 그 소나무 숲에 들어가 보니, 백로들이 똥을 싸서 밑에 있는 작은 나무들이 전부 새빨갛게 말라 죽어 있었습니다. 그리고 온통 똥으로 뒤범벅되어 무슨 페인트칠을 해 놓은 것 같았습니다. 냄새가 어찌나 고약한지, 그래도 저는 백로 사진을 좀 찍어 볼 생각에 들어갔습니다. 장비가 별로 좋지 않아서 줌인으로 근접 촬영을 하긴 어려웠지만 한번 찍어 볼 생각에 갔던 것입니다. 그런데 감사하게도 사람이 20m 정도 떨어져 있을 때는 날지 않고 있어서 카메라를 세팅하고 찍으려 하는데, 냄새는 역겹고 또 얼마나 더운지 숨이 콱콱 막히고 가만히 있는데도 땀이 머리부터 발끝까지 줄줄 흘러내릴 정도였습니다.

그런데 백로들이 자기 찍으라고 포즈를 취합니까? 별건 아니지만 그 백로들이 자연스럽게 행동할 때 어쩌다가 뭐 하나 잡아볼까 하고는 렌즈에다 눈을 갖다 대고 한 두 시간씩 기다리며 씨름을 하였습니다. 거기에 올라간 지 3시간 가까이 지났는데도 제대로 찍은 것이 없었습니다. 똥냄새 나는 숲에 앉아서 좋은 찬스가 오기를 기다리는데 문득 이런 생각이 들었습니다.

'내가 하나님을 갈망하기 위해서 이 정도로 땀 흘리고 기도한 적이 몇 번이나 있는가?', '내가 하나님의 말씀을 펴 놓고 살아계신 하나님의 음성을 들으려고 오뉴월 여름에 무더위를 무릅쓰고 땀을 뻘뻘 흘리면서 씨름을 한 적이 있는가?'

문득 이런 생각이 들자 사진 찍을 맛이 싹 가셨습니다. 가만히 생각해보니 별로 기억이 안 났습니다. 세 시간이나 그렇게 땀을 흘리면서 기도한 적이 없는 것 같았습니다. 하나님의 말씀 앞에서 몸부림 친 적이 없는 것 같았습니다. 그런 생각이 떠오르자 계속 거기 있기가 민망해져 짐을 챙겨서 내려왔는데, 지금 생각해 보면 그때 제가 받았던 충격은 아마도 성령의 음성이었던 것 같습니다.

"네가 좋아하는 사진 한 장을 위해서는 그렇게 투자하는데 하나님을 갈망하기 위해서 그렇게 땀 흘려 봤냐? 몸부림쳐 봤냐? 하나님을 불러 봤냐?" 하는 음성이 지금도 제 귀에서 떠나지 않고 있습니다.

여러분이 성령의 사람이라면 하나님을 바라고, 그분을 만날 때까지 포기하지 않으려는 절박함이 있어야 합니다. 왜냐하면 우리에게는 충분히 그렇게 해야 할 현실이 있기 때문입니다.

하나님만 바라라

최근에 민수기 24장을 읽다가 또 한번 충격을 받았습니다. 그곳에 발람 이야기가 나오는데, 발람이 거짓 선지자라는 것은 모두 다 아는 사실입니다. 그런데 24장 16절 말씀에서 발람이 다음과 같이 말하는 것을 볼 수 있습니다.

> "하나님의 말씀을 듣는 자가 말하며 지극히 높으신 자의 지식을 아는 자, 전능자의 이상을 보는 자, 엎드려 눈을 뜨는 자가 말하기를."

대개 거짓 선지자가 하는 소리는 별거 아니라고 여기고 읽어 넘기는데, 그날은 이 말씀이 저를 강하게 붙잡았습니다. '거짓 선지자도 하나님의 말씀을 듣는다고 하지 않는가? 거짓 선지자임에도 불구하고 지극히 높으신 자의 지식을 가지고 있으며, 환상을 가지고 있으며, 엎드려 눈을 뜨고 거룩한 하나님의 존전을 본다고 하지 않는가? 그런데 나는 도대체 뭔가?' 하나님을 갈망하고 사슴이 시냇물을 찾듯이 하나님을 만나기를 사모하는 사람은 발람이 말하는 이 내용이 무엇인지 이해할 수 있을 것입니다.

'발람은 구약 시대의 선지자니까 그럴 수 있었겠지?'라고 생각한다면, 좀더 냉정하게 생각합시다. 살아계신 하나님의 말씀을 앞에 들고, 성령이 여러분 안에서 조명하시고 거룩한 진리 가운데로 인도하시는데 발람처럼 되지 못할까요? 하나님의 음성을 듣지 못할까요? 전능하신 하나님을 알게 되지 못할까요? 전능하신 하나님의 이상을 보지 못할까요? 신령한 영의 눈으로 하나님의 영광을 볼 수 없을까요? 천만에요. 당연히 그럴 수 있습니다. 그럼에도 왜 여러분은 하나님과의 깊은 만남을 통해 여러분에게 쏟아져 들어오는 은혜의 충만함을 모르고 있을까요? 이것이 문제입니다. 그러니까 현실 앞에서 낙망하고, 자신을 보고 낙망하는 것입니다.

우리는 매우 위급한 현실을 눈앞에 두고 있습니다. 더욱이 영적 지도자들의 영적 상태가 말이 아닙니다. 저 자신을 포함해서 우리 모두 겉모습만 그럴듯하지 너무나 힘이 없습니다. 우리의 속은 썩을 대로 썩어가고 있습니다. 생각들이 벌써 잘못된 곳에 가 있고, 의식이 잘못된 쪽으로 굳어져 있습니다. 이것을 솔직히 인정해야 합니다. 잘 살고 좋은 차 타고, 잘 먹고, 얼굴에 기름기가 흐르고, 교회로부터 칭찬 듣고, 여러 가지 면에서 즐기는 것이 많으니까 자신도 모르게 잘못된 쪽으로 가 있습니다.

하나님을 만나야 합니다. 목사니까 성경 한두 장 더 읽는 것 가지고 하나님 만난다고 말하지 마십시오. 하루에 성경 몇 장

읽으면서 하나님 음성을 들었다고 말하지 맙시다. 설교 한 편 준비하였다고 하나님의 음성을 듣고, 하나님의 종으로서 주님 앞에 순종하고 있다는 그런 시건방진 소리 하지 맙시다. 설교는 목사니까 준비하는 것입니다. 목사가 아니면 왜 설교 준비를 하겠습니까? 설교를 위해서 기도하겠습니까? 다 당연히 해야 할 것 가지고 큰소리 치지 맙시다.

여러분은 이 모든 것을 뛰어넘어서, 낙망하고 불안해하는 내 영혼이 하나님을 만나는 자리까지 나아가야 합니다. 그곳에 나아가면 소망이 있습니다. 그곳에 해답이 있습니다. 이런 말이 이상하게 들릴지 모르지만 사실입니다.

모세가 목이 곧은 이스라엘 백성을 보고 고통받고 절망하고 괴로웠을 때 그는 성막에 가지 않고 호렙 산으로 올라갔습니다. 오늘의 현실은 성막에 앉아서 해결될 현실이 아닙니다. 내일의 한국 교회를 염려하는 이가 가야 할 곳은 성막이 아니고 호렙 산입니다. 아무도 오지 않는 곳, 나만이 외롭게 몸부림 쳐야 하는 곳, 하나님이 아니고는 기댈 것이 아무 것도 없는 그 곳, 그곳에 가서 하나님의 옷자락을 붙잡고 씨름할 때 하나님이 이 시대를 위해서 소망의 말씀 주실 줄 믿습니다. 여러분을 준비시켜 주실 줄 믿습니다. 성령의 기름부음으로 여러분의 상한 마음을 싸매어 주시고 여러분의 무력한 팔을 붙들어 다시 능력 있는 자로 세워 주실 줄 믿습니다.

  하나님을 갈망합시다. 하나님을 만나지 않고는 견딜 수 없는 절박한 사슴의 마음을 가지고 하나님께 매달립시다. 그리하면 하나님께서 하늘에 쌓아두신 놀라운 은혜와 축복을 여러분에게 쏟아 부어 주실 줄 믿습니다. 여러분만 바로 되고, 여러분만 하나님의 손에 붙들리면, 여러분만 하나님의 능력을 입으면, 아무리 현실이 어두워 보이고 낙망되게 보일지라도 소망이 있습니다. 성령의 능력이 임하셔서 그동안 지치고 낙망하고 불안해 하던 여러분을 치유해 주시길 간절히 바랍니다.

소명을 받은 자는 낙심하지 않는다

교회갱신을 위한 목회자협의회 영성수련회(2001. 8. 20)

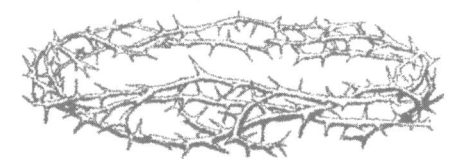

"하물며 영의 직분이 더욱 영광이 있지 아니하겠느냐 정죄의 직분도 영광이 있은즉 의의 직분은 영광이 더욱 넘치리라"(고후 3:8, 9).

"우리가 이 보배를 질그릇에 가졌으니 이는 능력의 심히 큰 것이 하나님께 있고 우리에게 있지 아니함을 알게 하려 함이라"(고후 4:7).

"그러므로 우리가 낙심하지 아니하노니 겉 사람은 후패하나 우리의 속은 날로 새롭도다. 우리의 잠시 받는 환난의 경한 것이 지극히 크고 영원한 영광의 중한 것을 우리에게 이루게 함이니"(고후 4:16, 17).

"우리의 소망이나 기쁨이나 자랑의 면류관이 무엇이냐 그의 강림하실 때 우리 주 예수 앞에 너희가 아니냐 너희는 우리의 영광이요 기쁨이니라"(살전 2:19, 20).

칼뱅의 『기독교강요』를 보면, 우리가 성직이라고 부르는 목사, 선교사, 전도사 등에 대해 다음과 같이 화려하게 묘사하고 있습니다.

"하나님은 교회의 유일한 지배자이시고 유일한 권위가 되신다. 그러나 하나님은 우리 눈에 보이게 교회에 거하시는 것이 아니다. 따라서 하나님께서는 '성직'이라고 하는 인간의 봉사를 사용하셔서 자신의 뜻을 교회에 명백하게 선포하게 하셨다. 마치 노동자가 일을 하기 위해서 연장을 사용하는 것처럼 하나님께서는 그분의 사역자들을 도구로 사용하신다. 따라서 사역자는 하나님의 손에 쓰임 받는 사자요, 하나님을 대표하는 사람이며, 하나님의 비밀한 계시를 해석할 수 있는 권위를 받았다. 때문에 하나님은 교회 안에서 성직을 맡은 종들이 누구보다도 가장 존경할 만한 일을 하고 있는 자로 존경받기를 원하고, 모든 사람이 그 권위에 복종하기를 원하고 계신다. 이런 의미에서 누구든 조직이 필요 없다거나, 교회 안에 성직이 필요 없다거나, 성직을 무시하는 사람이 있다면 그는 교회를 파괴하려는 자와 같다. 육신의 생명을 위해서는 태양의 열과 빛이 필요하고 음식이 필요한 것처럼 지상의 교회가 제 역할과 제 사명을 다하기 위해서는 사도적 직분, 목회적 직분으로서의 이 성직이 절대로 필요하다."

칼뱅을 비롯한 종교개혁자들의 이런 진지한 신학적 설명을 배경으로 하여 많은 성직자들은 성직을 맡았습니다. 그런데 칼뱅의 말을 하나 더 인용하면 "누구든지 성직자가 되려면 비밀한 소명을 가진 자라야 한다'라고 하였습니다. 비밀한 소명이라는 말을 여러분의 마음속에 잘 담아두시기 바랍니다. 이것은 하나님과 나만이 아는 것입니다. 교회가 그 사람을 놓고 하나님한테 비밀한 소명을 받았는지 증명해 줄 자격이 없고, 그렇게 할 수도 없다고 하였습니다. 그래서 칼뱅은 재미있는 말을 하였습니다.

"어떤 사람이 있는데 깨끗하지 못한 양심을 가지고 소명이 없는데도 소명이 있는 척하고 먹고 살기 위해서 목사가 되었다. 그런데 그 사람의 사악한 생각이 드러나지 않았다. 소명을 받지 않았는데도 소명을 받은 것처럼 하는 그 사악한 마음이 사람들에게 발각되지 않았다. 그렇기 때문에 교회가 그 사람을 교회의 목회자로 받았을 때에는 소명을 받은 자처럼 일을 할 수도 있다."

이것이 지상에 있는 교회의 약점입니다. 이 말 속에는 우리를 상당히 긴장하게 하는 깊은 의미가 담겨 있습니다. 비밀한 소명과 공적인 소명이 반드시 일치하는 것이 가장 좋지만, 비밀한 소명 없이 공적인 소명을 가지고 성직자의 일을 할 수도 있다는 이야기입니다. 하나님한테는 부름을 받은 사실이 없지만 교회에서는 인정받는 사역자로 일할 수도 있다는 이야기입니다. 이런 이유로 우리는 진지하게 하나님 앞에서 자신을 깊이 성찰하고, 하나님의 음성을 다시 듣는 시간을 가져야 할 것입니다.

소명은 원래 값없이 우리를 구원해 주신 하나님의 은혜에 대한 전 인격적인 반응이라 할 수 있습니다. 누구든지 구원을 받은 은혜에 감격하면 성직자가 아니더라도 자신의 생을 하나님 앞에 거룩하게 헌신할 수 있습니다. 그러므로 "꼭 목회자만 소명을 받았다"라고 하는 것은 신학적으로 잘못된 이야기입니다. 모든 평신도가 소명 받은 사람들입니다. 왜냐하면 다 구원을 받았기 때문입니다. 구원을 해주신 하나님께 무엇을 해드려야 기뻐하실까 생각할 때, 누구든지 "오, 하나님! 저는 하나님의 영광을 위해서 살겠습니다"라고 진지한 고백을 하게 됩니다. 이것이 소명 받은 자의 반응인 것입니다. 이런 의미에서 '구원은 소명을 의미한다' 는 신학적 명제는 어디까지나 옳은 것입니다.

  종교개혁자 윌리엄 틴데일이 한 유명한 말이 있습니다.

  "우리의 소원이 하나님을 기쁘시게 하는 데 목적이 있다면 물 긷는 것과 설거지하는 것과 구두 고치는 것과 강단에서 말씀을 전하는 것, 이 모두가 다 하나이다."

  이런 의미에서 꼭 성직자만이 소명을 받은 자라고 말하는 것은 어떤 면에서는 성경적이 아닙니다. 그러나 목회자는 그가 부름 받은 독특한 직분, 다시 말하면 독특한 사역 때문에 평신도의 소명과 구별되는 것을 부인할 수 없습니다.

  벤처 기업을 하는 집사를 불러서는 "내 양을 치라"고 말씀하지 않으셨습니다. 장사하는 집사를 불러서 "기도하는 것과 말씀 전하는 일에 전념하라"고 하지 않으셨습니다. 대학 강단에서 가르치는 교수에게 "성도를 온전케 하라, 봉사의 일을 하게 하라, 그리스도의 몸을 세우게 하라"는 엄숙한 명령을 하지 않으셨습니다. 집안에서 자녀를 양육하는 주부에게 "너는 내 오른손에 붙잡힌 일곱별이다"라고 말씀하지 않으셨습니다.

  성직을 맡은 목회자는 그 직분의 독특성 때문에 평신도의 소명과 구분된다고 할 수 있습니다. 그러므로 하나님을 믿는다고 해서 누구나 성직자가 될 수 있는 것도 아니고, 할 수 있겠다고 해서 아무나 덤벼서도 안 됩니다. 목회는 성령께서 교회 안에서

남달리 불러 세우는 자만이 할 수 있는 일입니다. 비밀한 소명을 받은 자만이 가능한 것입니다. 그러므로 이러한 비밀한 소명이 자신에게 있는지는 성직자 스스로 수시로 물어야 할 중요한 질문입니다. 만약에 이런 신성한 부르심이 없는 사람이 목회를 한다면 어떤 사람의 표현대로 그것은 광대 짓에 지나지 않을 것입니다.

부끄럽지만 저의 이야기를 하겠습니다. 저는 스물세 살 때 하나님의 소명을 받았습니다. 그때가 1960년 봄이었는데, 그렇게도 안 하겠다고 도망가던 제가, 그렇게도 하기 싫어서 그저 어디든 피할 수만 있다면 수단과 방법을 가리지 않고 피하던 제가, 2, 3년 동안 하나님과 씨름을 하다가 결국 하나님의 강권적인 역사하심에 꺾여 작은 시골 교회 마루바닥에 홀로 엎드려 하나님 앞에 항복하던 그 순간을 저는 기억하고 있습니다.

저는 초등학교 때부터 별난 신앙생활을 하였습니다. 중학생이 되니까 벌써 사람들이 다 저를 보고는 '목사감'이라고 하였습니다. 그리고 저도 항상 '목사가 되어야겠다. 피할 수 없는 일인지도 모른다'라는 불안한 생각을 가지고 있었습니다. 저의 어머니는 제 뒤에서 제가 목사가 되기를 항상 기도하고 계셨습니다. 그러나 저는 싫었습니다. 제가 몸담고 있는 시골 교회의 젊은 목사를 장로 부부가 끌어다가 방에 가둬 놓고 폭행을 가해 얼굴이 피투성이가 되어서 나오는 꼴을 보면서 제가 어떻게 목사가 되겠다고 생각했겠습니까? '세상에 할 짓이 없어서 목사를 하나?' 성미를 가져다 주면 먹고, 성미가 없으면 굶는다는 소리도 못하고 앉아 있어야 되는 몰골, 정말 보기 싫은 몰골이었습니다. '남자가 되어서 처자식을 거느린 처지에 나가서 무슨 일을 한들 밥 못 먹겠는가? 무엇 때문에 저런 꼴을 하고 있는가?' 이런 생각을 한 것입니다. 그러니까 죽어도 하기 싫었던 것입니다. 어떤 변명이라도 할 수 있다면 저는 그 길을 피하고 싶었습니다. 그러나 하나님께서는 허락지 않으셨습니다. 그때부터 저는 하나님께 완전히 강제로 차출당한 사람이 되어 다른 길은 감히 돌아보지도 못하고 40년을 걸어 왔습니다.

그런데 저는 이런 식으로 목사로서의 길을 시작했기 때문에 늘 콤플렉스가 있었습니다. 소명 콤플렉스라고 할까요? '차출당한 전투병처럼 하기 싫은데 억지로 끌려와서 어쩔 수 없이 이 일을 하고 있지 않는가? 이것이 진정한 소명인가?' 하는 콤플렉스가 오랫동안 저를 괴롭혔습니다. 그런데 나중에 성경을 보는 눈이 조금 열리면서 저는 큰 위로를 받았습니다. 신구약을 통틀어서 주님 앞에 쓰임 받은 종들을 보니까 거의 절대적으로 "나요" 하고 손들고 좋아서 한 사람이 별로 없었습니다. 다 도망 다니다가 끌려오고, 안 하겠다고 버티다가 결국에는 하나님의 명령에 복종한 사람이 대부분이었습니다.

제가 소명을 받은 그 순간은 하나님과 나만이 만나는 시간이었습니다. 비밀한 소명을 느낄 수 있었고, 거룩한 깨달음이 있었습니다. 철저한 항복이 있었습니다. 그리고 비장한 결단이 있었습니다. 그것은 무슨 자랑할 순간도 아니며, 흥분할 순간도 아니었습니다. 저에게는 그렇습니다. 헨리 나우웬의 다음과 같은 말이 저에게 그대로 적용되는 순간이었습니다.

"소명을 받을 때 우리의 상황은 주로 어떤 상황이냐? 하나님은 모든 바지랑대를 다 치워 버린다. 대화할 친구도 없고, 받을 전화도 없고, 참석할 모임도 없고, 감상할 책도 없고, 오로지 벌거벗고, 취약하고, 죄악되고, 가난하고, 상한 심령만 끌어안고 있는 처절한 모습만이 남는다"고 하였습니다. 바지랑대는 옛날에 긴 빨랫줄을 받쳐 놓던 장대입니다. 하나님이 나를 부르시는 그 순간에는 바지랑대를 다 치워 버려 내가 기댈 언덕은 하나도 없습니다. 오직 죄악된 모습, 처절한 모습, 약하고 힘없는 모습, 가난한 모습, 상처받은 보잘 것 없는 존재만이 하나님 앞에 남는 순간입니다.

스코틀랜드가 낳은 세계적인 영성가 오스왈드 챔버스는 다음과 같은 중요한 말을 하였습니다.

"소명을 깨닫는다는 것은 갑작스러운 천둥소리와 같이 올 수도 있고, 서서히 떠오르는 태양과 같이 올 수도 있지만 어떤 방식이든 간에 그것은 초자연적으로 오는 것이기 때문에 말로 표현할 수 없는 신비한 특성을 갖는다."

그래서 자기 소명에 대해서 자신있게 말하기가 어렵다는 것입니다. 많은 경우 시행착오를 포함한 한동안의 탐색을 통해서만 분명한 소명의식을 얻을 수 있다고 하였습니다. 가끔 '내가 소명을 받은 것인가?' 하는 혼란 속에 시행착오를 거듭할 때가 있습니다. '비밀한 소명을 받고 신학교를 들어왔나?', '정말 하나님이 나를 불러서 목사 안수를 받았나?' 한참의 탐색을 통해서 '내가 소명 받은 것이 틀림없구나' 하는 어떤 결론으로 도달하게 된다는 것입니다.

저의 경우도 마찬가지입니다. 40년 동안 한눈팔지 않고 달려왔지만 제가 확실히 하나님의 부름을 받았다고 스스로 자신하기까지는 상당한 시간이 필요하였습니다. 하나님이 불렀으면 부르신 분명한 증거가 있어야 하지 않습니까? 부르신 자에게는 주신다고 하셨습니다. 하나님이 저를 목회자로 불렀으면 목회자로 일할 수 있는 은사를 주신 것이 보여야 하고, 하나님이 저를 설교자로 세웠으면 설교할 수 있는 은사와 능력을 주신 것이 분명히 나타나야 하지 않습니까? 분명 하나님이 나를 불렀으면 불렀다는 증거가 내 눈에도 좀 보여야 자신있게 내가 하나님의 부름을 받고 이 사역에 몸을 실었다고 말할 수 있는데 그것을 확인하기까지는 마음이 오락가락할 수 있다는 것입니다. 그래서 저도 한동안은 탐색을 하였습니다. 그리고 나서 드디어 본격적으로 사역을 시작하고, 그 후 몇 년을 보내면서 하나님이 나와 함께하심을 하나하나 확인할 때마다 '하나님이 나를 부르신 것이 사실이구나. 이제 방황하지 않아도 되겠다'는 생각이 들자 제 마음에 감격이 찾아온 것입니다.

바울이 말한 것처럼 죄인임에도 불구하고 죄가 없는 것처럼, 충성되지 못함에도 불구하고 충성된 자처럼, 완전하지 못하고 실수도 많이 하는데도 완전한 자처럼 하나님이 대접하시면서 이렇게 사용하시는 것을 볼 때 하나님이 나를 부르신 것이 사실임을 저 자신이 확인할 수 있었습니다.

우리 교회의 한 남자 교역자 이야기를 하겠습니다. 그 형제가 처음 우리 교회 부교역자로 들어올 때 자신이 소명 받은 것에 대해 쓰게 하였습니다. 그런데 그 형제의 글이 재미있었습니다.

그는 고등학교 1학년 때 농촌 교회 마룻바닥에 앉아서 오랫동안 장래 문제를 놓고 기도하면서 자기 혼자의 시간을 가졌다고 합니다. 그런데 기도하는 중에 "나는 너를 위해 죽었는데 너는 나를 위해 무엇을 하느냐?"는 음성이 들렸고, 그 음성이 너무도 생생해서 도무지 마음에서 지워지지를 않았답니다. 그의 소원은 의사가 되는 것이었는데 그 음성은 자꾸 자기를 목사가 되라고 부르시는 하나님의 음성으로 여겨져, 많은 갈등을 했다고 합니다. 그러다가 결국 결단을 하고 '하나님이 부르시면 목사가 되어야지.' 하고는 총신대학교에 입학을 했답니다. 그런데 입학을 했음에도 불구하고 갈등이 사라지기는커녕 의사가 되고 싶은 자기 내면의 욕심과 목회자가 되어야 한다는 두 상황에 끼어서 많은 고민을 하게 되었다고 합니다. 그래서 1년도 못 채우고 총신대학교을 그만두었답니다. 그리고는 남은 기간 동안 열심히 준비해서 서울대학교 의과대학에 입학을 하였습니다. 하지만 의대에 들어가서 공부를 하는데도 여전히 갈등이 멈추지 않답니다.

"나는 너를 위해 죽었는데 너는 나를 위해 무엇을 하느냐?"

그 음성이 마음에서 살아날 때마다 자신이 의사가 되는 것은 주님의 음성이 아닌 것 같고 목사가 되라는 것이 주님의 음성 같았답니다. 그래서 휴학계를 내고 군대에 갔고, 군 복무를 하면서 많은 진통을 통해 마침내 하나님의 소명 앞에 무릎을 꿇기로 작정했답니다. 그는 제대 후 다시 총신대학교에 시험을 쳐서 들어갔고, 지금은 우리 교회에서 사역을 하고 있습니다. 그 형제가 끝에 이런 이야기를 썼습니다.

"지나간 일 중에 후회되는 것이 하나 있다면 하나님이 부르셨을 때 한 길로 줄곧 가지 않은 것입니다. 이것이 회한으로 남고, 부끄럽다고 여겨집니다."

그러나 저는 이것이 부끄러운 일이 아니라고 생각합니다. 한동안의 어떤 방황을 통해서 하나님이 정말 나를 부르셨는가를 탐색하는 것은 잘못된 일이 아니라고 봅니다. 오히려 분명한 소명의식 없이 그저 이것도 못하고 저것도 못해서 어쩌다가 신학교 들어가고, 어쩌다가 목사가 된 사람보다는 오히려 이렇게 방황하면서 하나님의 부르심을 분명하게 확인하는 사람이 하나님이 더 기뻐하시는 사람이라고 생각합니다.

여러분, 여러분은 누구의 부르심을 받고 목회자가 되었습니까? 비밀한 소명을 가지고 있습니까? 하나님과 여러분만이 아는 소명 말입니다. 여러분만이 아는 내면의 하나님의 음성을 가지고 있습니까? "다른 모든 길은 다 막혀 버렸습니다. 오직 하나님께서 이 길로만 가라고 열어 주셔서 거역할 수도 없고, 도망갈 수도 없어서 하나님이 밀어 넣으시는 대로 이 길로 들어왔습니다"라고 말할 수 있는 분명한 소명 의식을 가지고 있습니까?

그래서 이제부터는 철저하게 자신을 부인하고 오직 십자가를 지고 주님만을 따라가는 것만이 남은 일생의 소원이라고 자신의 마음에 분명히 말할 수 있습니까? 심지어 목회를 하다가 실패를 하는 한이 있더라도 이 길 아니고는 갈 길이 없고, 이 일 아니고는 생명 걸고 할 일이 없다고 분명히 하나님 앞에 말할 수 있을 만큼 마음에 분명한 소명을 가지고 있습니까? 그렇다면 여러분은 놀라운 사람입니다. 하나님께서 여러분을 특별히 부르신 것이 틀림없습니다.

요즘은 목회 상황이 점점 더 열악해지는 것 같습니다. 비밀한 소명을 가지고 생명 걸고 죽으면 죽으리라고 매달려도 될까말까한 굉장히 어려운 목회 상황입니다. 자신이 목회하는 교회가 좀 부흥이 되고, 자기 이름이 알려져, 교회에서 대접 잘 받고, 그것이 너무 좋아서 감사합니다. 이처럼 좁은 웅덩이 속에서 모든 것을 보면 간단합니다. 자기 교회만 잘 되면 천하가 잘 되는 것 같으니까요. 그러나 분명히 말씀드리지만, 여러분은 지역 교회 하나만을 책임지는 위치에 있는 사람이 아닙니다. 한국 교회 모든 사역자는 한국 교회 전체를 책임지고 있는 사람이며, 하나님의 나라라고 하는 전 우주적인 교회의 앞날과 운명을 등에 업고 일하고 있는 사람입니다. 그러므로 나 혼자 잘 된다고 뻐기고 목에 힘주는 사람은 소인 중에 소인입니다. 우리는 크고 넓게 봐야 합니다. 모든 것을 볼 수 있는 눈을 가져야 합니다. 이런 상황 속에서 한국 교회를 한번 봅시다. 분명히 말씀드리자면 굉장히 어렵습니다. 평신도는 물론이거니와 특별히 목회자에게는 너무너무 어려운 상황이 점점 눈앞에 다가 오고 있습니다.

저는 오스 기니스의 말을 인용하고 싶습니다.

"오늘날은 인류 역사상 가장 강력하고, 진정한 의미에서 역사 이래 최초로 세계화된 문화의 도전을 받고 있습니다."

이 용어를 잘 기억하십시오. '최초로 세계화된 문화'. 이 세계화된 문화는 너무나 강력해서 이만한 힘을 가진 반기독교적인 세력은 지금까지 역사상 없었다고 합니다. 이것은 너무나 강력한 힘을 가지고 기독교 신앙에 해를 끼치고 있습니다. 과거에도 기독교에 해를 끼치던 힘이 있었습니다. 스탈린이 있었고, 모택동이 있었고, 김일성이 있었습니다. 하지만 과거의 많은 적대 세력들이 교회에 해를 끼친 것보다도 더 강력한 힘으로 오늘날 교회를 해치고 있는 것이 바로 '세계화된 문화의 힘'이라는 것입니다. 이것은 가정이나 예상이 아닙니다. 이미 확인된 사실입니다.

가장 쉬운 예로 인터넷을 봅시다. 세계화된 문화입니다. 이것이 지금 얼마만큼 우리 기독교의 목을 조여오고 있는지 아십니까? 도덕적으로, 가치관으로, 세계관으로, 예술적으로 얼마나 교회를 포위하면서 교회의 숨통을 조이고 있는지 아십니까?

바벨론 군대가 예루살렘을 침공해서 예루살렘 성 밖에 토성을 쌓아서 예루살렘 사람들이 잠도 자지 못하고 결국 항복할 수

밖에 없도록 점점 조여 오듯이, 오늘날 세계화된 문화 중에서 인터넷이 얼마나 많은 교회의 젊은이들을 사지로 끌고 가고 있는지, 지성인들로 하여금 신앙에서 돌아서게 만드는지 아십니까? 이 힘을 아십니까? 이 힘을 한번 느껴보셨습니까?

저에게 어느 목사님이 전화를 해서 "목사님, 사랑의교회 목사라고 해서 가만 계시면 안 됩니다. 목사님, 일어나셔야 됩니다. 목사님, 인터넷에 들어가 보셨습니까? 특히 음란 채팅하는 데 들어가 보셨습니까? 목사님 교회 순장도 있습니다. 정신 차리세요!" 하고 말하더라고요. 참 기가 막힌 사실입니다. 그분은 인터넷 중에서 특별히 음란 채팅하는 것을 막아야 한다고 생각하는 분인데, 도대체 그 세상이 얼마나 요지경인가를 실제로 경험하지 않고는 도저히 어떻게 할 도리가 없어서 그곳에 들어갔었답니다. 목사라는 신분을 숨기고 남자로서 어떤 여자하고 채팅을 한 것입니다. 그러다가 좀 친해졌다 싶어 은근히 신앙적으로 유도를 했더니, 자신이 사랑의교회 순장이라고 하더랍니다. 그 순장의 말인즉, "너무너무 따분해서 한번 들어와 봤더니 굉장히 재미있고 이제는 끊을 수 없는 자리까지 왔다"는 것이었습니다.

그 목사님이 목회하는 도시의 어느 교회 주부 두 명은 이 채팅에 빠져 헤매다가 가출해서 벌써 두 달째 소식이 없답니다.

이것은 빙산의 일각입니다. 이 세계화된 문화는 세계를 지구촌으로 묶어, 언어의 장벽을 뛰어넘고, 혈통의 장벽을 뛰어넘고, 심지어 종교와 모든 사상의 장벽을 뛰어넘어 무서운 힘으로 사람들을 옭아매어, 마치 그물이 물고기들을 싸서 끌고 가듯이 끌어가고 있습니다. 이 무서운 세계화된 문화의 힘을 아십니까? 이 힘을 알면 우리는 아마 밤잠을 자지 못할 것입니다. 우리는 우리의 목회 현장이 얼마나 무서운 상황에 빠져 있는가 알아야 합니다.

미국의 한 조사 결과, 목회자의 3분의 1 정도가 그동안 자신이 천직으로 알아 왔던 목사직을 그만두고 다른 직업을 선택하겠다고 대답했다고 합니다. 탈진해서 더 이상 못 견디는 것입니다. 이제는 소명 의식조차 뿌리째 흔들리는 것입니다. 그리고 5천 명 중에 40%가 3개월 안에 다른 직업을 구하겠다고 대답했다고 합니다. 아무리 사역을 해도 열매도 안 보이고 사람들에게 시달리고, 노부지 이제는 더 이상 버틸 수가 없다는 것입니다. 그렇게 답한 사람이 5천 명 중에 2천 명입니다. 그리고 지금 목회 현장에서 뛰고 있는 미국 목사 30만 명 가운데 20%에 해당하는 목회자들이 정신적인 질환 때문에 정기적으로 치료를 받고 있다고 합니다. 내면이 붕괴되고 있는 것입니다. 이처럼 목회자 자신의 소명까지 흔들리게 되면 심리학에서 흔히 말하는 '페르소나(persona) 현상'이 나타납니다. '페르소나'는 '가면'이라는 뜻입니다. 소명이 흔들리니까 교인들 앞에 자기의 실체가 탄로 나지 않도록 가면을 쓴다는 것입니다. 그래서 성도들로부터 인정을 받기 위해 가면을 쓰고 이리 뛰고 저리 뛴다는 것입니다.

한국 교회의 소명 의식이 위기를 맞게 되는 결정적인 요인은 교회의 부흥과 연관이 있다고 봅니다. 아무리 힘을 쓰고 애를 써도 부흥이 안 되고, 사람을 키워 놓으면 옆에 있는 유명한 목사 교회에 다 빼앗겨 버리고, 10년이 지났는데도 10년 전이나 지금이나 별로 차이가 없는 목회 현장을 보면서 자신이 과연 하나님 앞에 부름을 받은 것이 사실인가 하는 의심을 하게 된다는 것입니다.

우리의 형편은 성령님이 기뻐하는 상황이 아니라고 봅니다. 경쟁이 너무 심합니다. 이렇게 살벌한 경쟁을 하지 않으면 안 되는 목회 현장을 하나님은 절대로 기뻐하지 않으신다고 봅니다. 어떤 구실을 가지고도 이것은 설명할 수 없고 합리화시킬 수 없습니다. 많은 교회들이 지금도 1만 교회를 세우자, 개척하자, 신학생을 더 많이 배출하자고 아우성입니다. 믿음이 좋은 사람을 만나면 "당신 목사가 되어야 하겠소"라고 말을 하는 사람이 많지만, 신학교를 나온 사람들은 정작 갈 곳이 없어 여기저기 무임 목사가 수두룩한 판국입니다. 교회 하나 시작하면 피비린내 나는 경쟁을 하지 않으면 안 되는 이 상황, 이것은 성령님께서 절대로 기뻐하시지 않는다고 여겨집니다.

그런데 오늘날의 우리 현실은 피할 수가 없습니다. 출혈은 당연한 것입니다. 선의의 경쟁이 아니라 악의의 경쟁을 피할 수 없는 상황이 된 것입니다. 그러다가 보면 우리 모두가 지쳐 버립니다. 그리고는 모두가 자기의 소명에 대해서 의심을 하게 됩니다. 교회가 부흥이 잘 안 되면 우리 모두가 흔들리게 됩니다. 문제가 어디에 있습니까? 부흥이 안되는 것에 문제가 있는 것이 아닙니다. 문제는 잘못된 부흥관에 우리가 끌려 다니고 있다는 점입니다. 양적인 성장은 교회 부흥에 있어서 필수 요건입니다. 한 사람이 늘어도 교회가 조금씩 조금씩 자라는 것이 정상입니다. 그것이 건강한 교회입니다. 그러나 어떤 경우에는 그것이 안 되는 상황이 얼마든지 있습니다. 남달리 많이 기도하고, 남달리 많은 땀을 흘리면서 양떼를 돌보고 하나님의 말씀 앞에 앉아서 능력 있는 설교를 하고 싶어서 진땀을 흘리지만 이상하게 안 되는 경우가 있습니다. 저는 이것도 하나님의 뜻이라고 봅니다. 왜 그런지 아십니까? 만약에 한국 교회에서 제일 작은 교회가 5천 명 모인다고 한다면 현실적으로 가능한 얘기입니까? 그것은 현실성 없는 공상입니다. 그러므로 몇 만 명 모인다, 몇 십만 명 모인다 하는 것을 목회의 모델이나 되는 것처럼, 혹은 목회의 성공 케이스나 되는 것처럼 쳐다보고 신기루 찾듯이 좇아가는 것은 잘못된 부흥관의 노예가 되어 있는 것입니다. 그런데 한국 교회의 많은 목회자들이 이 잘못된 부흥관에 중독이 되어 있습니다. 그러니까 자기 목회가 초라해 보일 수밖에 없습니다. 100명을 모아 놓고도 성도들이 눈에 안 차는 것입니다.

꼭 기억하시기 바랍니다. 진정한 소명자는 부흥 콤플렉스에 희생당하지 않습니다. 다시 말씀드립니다. 진정한 소명자는 사람 수가 많고 적음에 흔들리지 않습니다. 이 사실을 진정으로 고백할 수 있다면 여러분은 소명 받은 사람입니다. 그러나 이 사실에 대해서 고백할 수 없다면 여러분의 소명을 다시 한번 점검하셔야 합니다. 왜 제가 이 말을 하는지 아십니까? 성경을 보십시오. 성경을 보면 목회의 생명이나 성공이 수적인 부흥과 밀접한 관계가 있다고 우리에게 확신을 주는 단서는 단 하나도 없습니다. 저는 하나도 없다고 확신합니다. 왜냐하면 목회에 대해서 서신서를 봐야지 사도행전을 가지고 자꾸 이야기하면 안 됩니다. 사도행전은 성도에 대한 말씀이며 교회가 처음 시작할 때 불길같이 일어나던 어떤 한 시기를 이야기하는 것이지 그것이 목회 전체를 담고 있지는 않습니다. 목회는 서신서로 넘어가서 연구해야 합니다. 서신서를 한 구절 한 구절 자세히 훑어보십시오. 목회를 잘하고 못하는 것을 교인의 숫자 내지 양적인 성장으로 평가하는 구절이 있습니까? 바울이 그런 언급을 한 곳이 한 군데라도 있습니까? 심지어 밧모 섬에 나타나신 예수 그리스도께서 일곱 교회에 편지를 보내면서 잘못한 것을 책망하실 때에 부흥이 안 된 것과 숫자가 적은 것을 보고 책망하신 교회가 한 군데라도 있는지 살펴보십시오. 없습니다. 정말 없습니다.

교회 성장에 있어서 양적인 성장은 우리가 항상 염두에 두고 기도해야 될 제목이지만, 그 양적인 성장이 목회의 성공이냐 실패냐 하는 것을 가늠하는 잣대는 아닙니다. 심지어 우리가 소명자냐 아니냐를 평가하는 기준이 못된다는 것입니다. 성경을 보면 분명합니다.

오스 기니스의 말을 또 인용합니다.

"문제는 우리에게 얼마나 많은 청중이 있느냐에 있지 않습니다. 얼마나 많은 청중이 있느냐가 아니고 어떤 청중을 가지고 있느냐, 이것이 중요한 것입니다. 하나님의 결정적인 소명에 귀를 기울이면서 한 생을 산 사람들은 다른 모든 청중을 다 밀어냅니다. 그리고 단 한 분의 청중, 유일한 청중 앞에서 살아남는 인생입니다."

진짜 하나님의 소명에 귀기울이면서 하루하루를 사는 사람은 한 분의 청중, 유일한 청중 앞에서 살아남는다고 하였습니다.

그 유일한 청중이 누구입니까? 예수 그리스도, 나를 불러주신 주님이십니다. 소명자는 그분 앞에서 내가 누구냐를 물으면서 항상 나 자신을 점검하고 채찍질하는 사람이지 눈앞에 보이는 숫자가 얼마냐를 가지고 자기를 점검하는 사람이 아니라는 것입니다.

진정한 소명자는 사람에게 관심을 가지지만 숫자의 노예가 되지는 않습니다. 그런데 우리 한국 교회는 잘못되어 있습니다. 저는 얼마 전 일본 홋카이도에 다녀왔습니다. 마침 그곳에 갔을 때 일본 의사 한 분이 자기 별장을 쓰라고 빌려 주어서 한 열흘을 지내다가 왔습니다.

거기에 후라노라는 도시가 있습니다. 주일이 되어서 저는 후라노의 소망교회를 출석하게 되었습니다. 다무라 목사님이 제가 거기에 와 있는 것을 아시고 설교를 부탁하셨습니다.

일본 교회가 어떤 곳인지 아마 아시는 분은 잘 아시리라 생각합니다. 저는 지난 10년 동안 일본을 뻔질나게 드나들면서 수백 명의, 아니 수천 명의 일본 목회자들과 상대를 하면서 일본 교회가 어떤지 조금은 알게 되었습니다. 또 일본 목회자들이 얼마나 헌신적으로 교회를 섬기고 있는지도 알고 있습니다.

일본 목회자는 순교 정신을 가지고 하나님의 부르심에 응답하고 있는, 너무나 소중한 동역자라는 사실도 한 10년 가까이 되면서 서서히 알게 되었습니다.

저는 설교 부탁을 받고 후라노 메노나이트교회에 갔습니다. 교회는 조그마하였습니다. 담임 목사님은 일흔이 조금 넘으신 분인데, 미국 유학까지 다녀오신 분이었습니다. 그분 나이에 미국 유학까지 다녀왔다고 하면 엘리트입니다. 예배 시간을 기다리는데 강대상도 없었습니다. 의자에 빙 둘러앉아서 예배를 드립니다. 몇 명이나 올까 궁금해 하면서 통역하는 선교사 사모님과 함께 앉아서 기다렸습니다. 목사님 부부가 들어와 앉았습니다. 조금 있다가 부인 두 명이 들어오고, 또 조금 있으니까 한 여든은 되어 보이는 미국 부인이 들어왔습니다. 그녀는 은퇴한 선교사의 부인인 앤이라는 분이었습니다. 그렇게 이리저리 자리를 잡고 앉았는데 전부 열한 명인가 되었습니다. 남자가 두 명이고 나머지는 여자였습니다. 옆에 피아노가 있는데 아무도 칠 사람이 없었습니다. 그런데 그날따라 하나님께서 저를 위해서 보내셨는지, 한 50대의 손님이 와서 앉았는데 자기가 피아노를 치겠다고 하였습니다. 그래서 예배가 시작되었습니다. 그런 분위기에서 보니 한 분, 한 분의 얼굴이 얼마나 크게 보이는지 너무너무 소중한 존재들이었습니다.

그 교회 근처에는 커다란 일본 절이 있었습니다. 그야말로 인구 2만 5천의 작은 도시에 교회라고는 딱 두 개 있는데 하나는 어디 있는지도 모릅니다. 그런데 역사가 꽤 있다고 하는 이 교회에 주일 예배에 모인 사람이 기껏해야 열한 명입니다. 그것도 저와 손님까지 다 포함해서 말입니다. 저는 참으로 감개무량하였습니다. 마치 23년 전 제가 처음 개척했을 때 열두 명이 둘러앉아서 첫 예배를 드리던 그때를 기억하였습니다. 그리고 그 한 사람 한 사람이 너무너무 소중하게 느껴지는 제 마음을 하나님 앞에 감사하였습니다.

젊은 여자가 아이 둘을 데리고 왔습니다. 설교를 한참하고 있는데 옆의 작은 방에서 애들이 장난감을 가지고 놀면서 떠들고, 엄마한테 매달리고 그랬습니다. 처음에는 저의 이야기를 좀 듣는가 싶더니 설교를 반도 안 했는데 벌써 아이 하나를 안고는 졸기 시작하였습니다. 열한 명이 모인 데서 한 명이 조니까 그 폼이 얼마나 멋있었겠습니까? 그런데 놀라운 것은 조는 그 모습도 얼마나 귀여워 보이던지 제 눈에 천사같이 보이는 것입니다. 너무너무 소중하게 보이고 귀하게 보였던 것입니다. '이 몇 명 안 되는 성도를 위해서 저 다무라 목사님이 20년의 인생을 바치면서 헌신해 왔구나' 하는 생각을 하니 마음 한쪽이 뭉클해졌습니다. 그리고 나중에 안 일이지만 그 옆에 있는 미국 선교사 부인은 자기 남편이 여기서 40년을 선교하다가 몇 년 전에 죽었고, 자기는 미국에 갔다가 한번 오고 싶어서 방문하러 왔노라고 하였습니다.

 설교를 마쳤는데 설교비도 없었습니다. 줘도 안 받겠지만 주지도 않았습니다. 그리고 점심도 안 주더라고요. 다만 목사님께서 "고맙습니다, 감사합니다" 하면서 허리가 휘어지게 인사를 하셨습니다. 그런데 나오면서 제 마음이 얼마나 기뻤는지 모릅니다. 보통 설교하러 가면 나중에 헌금을 하는 한이 있더라도 봉투를 주면 받아야 하는데, 그런데 아무것도 안 받고 몇 명의 평신도를 놓고 말씀을 전하고 나온 것이 얼마나 제 마음에 큰 기쁨이 되었는지 모릅니다. 나중에 통역한 분이 저에게 말하기를, 큰 교회 사역하면서 많은 사람들 앞에서 설교하다가 이번에는 몇 명 안 되는 사람들이기에 적당히 간단하게 설교를 할 줄 알았다는 것입니다. 그런데 너무 진지하게 설교하는 것을 보고 자기가 감동을 받았다고 하였습니다.

 사실 저는 큰 교회 담임목사입니다. 사만 명이 넘는 성도들을 지도해야 하는 막중한 자리에 있습니다. 그러나 저는 하나님께 감사합니다. 이번에 후라노에 있는 교회에 가서 저는 제 자신이 누구인가를 다시 확인할 수 있었습니다. 저는 저에게 아직 소명자의 양심이 있다는 것을 확인하였습니다. 하나를 위해서 생명 걸 수 있습니다. 한 영혼을 위해서 죽으라면 죽을 수 있다는 내 양심의 소리가 있다는 것을 저는 알았습니다.

진정한 소명자는 숫자에 끌려 다니지 않습니다. 한 생명에게 자신의 모든 것을 바칠 수 있는 진지한 하나님의 마음을 가지고 있는 사람입니다. 여러분에게 이와 같은 마음이 있는가를 살펴보십시오. 한국 교회를 갱신하기 위해서는 누가 참 소명자인가를 가려야 합니다. 하나님의 부름을 받은 비밀한 소명을 가진 지도자들이 한국 교회를 짊어져야 합니다.

그런데 너무나 기가 막힌 것은, 정말 기가 막힌 것은 '어떻게 저런 분이 목사가 되었을까?' 하고 은근히 자문하고 은근히 반복해서 또 한번 물어보지 않으면 안 될 정도의 동역자들이 주변에 생각보다 많이 있다는 것입니다. 너무너무 기가 막히는 일입니다.

어떤 목사님의 글을 읽고 충격을 받았습니다. 고등 종교가 타락할 때가 되면 나타나는 공통적인 특징 하나가 있는데 그것은 성직자가 급증한다는 사실입니다. 이건 다 알고 있는 내용입니다. 그런데 그분은 비교종교학을 연구해서 그런지 데이터가 좀 더 분명하였습니다. 고등 종교란 불교, 회교, 기독교입니다. 그런데 이 종교의 역사에서 종교가 부패하기 시작하면 공히 나타나는 공통점이 있는데, 그것이 성직자의 급증이라는 것입니다.

신학교에 가는 사람이 많습니다. 그런만큼 목사 되는 사람이 많아지고 있습니다. 그 이유는 한마디로 자기부인(自己否認)을 포기했기 때문이라고 하였습니다.

기독교는 자기부인을 통해서 의인이 될 수 있다는 것을 우리는 예수님의 말씀을 통해서나 사도 바울의 말씀을 통해서 너무나도 잘 알고 있습니다. 그런데 자기부인을 포기하기 시작하면 그만큼 배가 불렀다는 것입니다. 그만큼 세속화되었다는 것을 의미합니다. 이렇게 되면 다른 사람들 눈에 성직이 좋은 직업으로 비치는 것을 의미합니다. 출세할 수 있는 직업으로 비치는 것입니다. 그러면 많은 사람들이 그 길을 택하는 것입니다.

로마제국이 왜 패망하였습니까? 영국의 에드워드 기번(Edward Gibbon)이라는 역사학자가 로마의 흥망성쇠를 기록하면서 "로마가 패망한 일곱 가지 원인 중에 하나가 성직자의 급증이다"라고 하였습니다. 똑똑한 사람들은 대부분이 다 수도원으로 달려가니 그 나라가 제대로 될 리 없는 것입니다.

이것이 남의 이야기로 들리십니까? 오늘날 한국 상황을 보면 어떤 생각이 드십니까? 목회자가 진정 자기부인의 길을 포기하지 않고, 하나님을 위해서라면 굶는 것도, 모욕당하는 것도, 형제 친지들로부터 깔아뭉개는 듯한 무시를 당해도, 하나님이 가라고 하시니 이 길밖에 갈 길이 없다고 한다면 오늘날 신학교를 찾는 사람들이 그렇게 많을까요? 우리는 벌써 잘못된 길에 들어서 있는 게 아닌가 하고 불안을 느끼지 않을 수 없습니다. 그러므로 목회자는 하나님과의 비밀한 가운데서 다시 한번 자신의 소명을 깊이 돌이켜 봐야 할 것입니다.

여러분이 처한 목회 현장에는 어려움이 많을 것입니다. 십자가도 많을 것입니다. 내면의 갈등이 오랫동안 지속되어서 마음의 기쁨을 다 빼앗겨 버렸을지도 모릅니다. 불투명한 장래에 대한 불안을 은근히 가슴에 숨기고 사역하고 있는지도 모릅니다. 사역 때문에 부부간에 갈등하며 고통 받는 분도 없지 않아 있을 것입니다. 경제적으로 어려움을 이기지 못해 점점 많은 유혹 앞에서 흔들리고 있는 여러분 자신의 모습을 발견하고 있을지도 모릅니다. 그러나 분명히 아십시오. 여러분은 하나님으로부터 비밀한 소명을 받았습니까? 한 가지 분명한 대답이 있습니다. 비밀한 소명, 확실한 소명을 받은 사람은 어떤 상황에서도 어떤 일을 당해도 낙심하지 않습니다. 앞서 언급했던 한 조사에서처럼 목회자들이 "다른 직업을 얻겠다", "3개월 이내에 떠나겠다"고 하는 것은 처음부터 소명이 잘못되었기 때문입니다. 그런 사람은 다른 길로 가야 합니다. 직업을 바꾸어야 합니다. 남을 속이고 그 자리에 앉아 있을 필요가 없습니다.

여러분이 낙심하지 말아야 할 이유가 여러 가지 있습니다.

첫째로, 여러분이 맡은 직분의 영광 때문입니다.

하나님이 여러분을 부르사 여러분에게 맡기신 직분에는 영광이 있습니다. 고린도후서 3장 8절부터 9절을 봅시다.

> "하물며 영의 직분이 더욱 영광이 있지 아니하겠느냐 정죄의 직분도 영광이 있은즉 의의 직분은 영광이 더욱 넘치리라."

이 직분을 맡기신 분이 영광 중에 계신 예수 그리스도이십니다. 하늘과 땅의 모든 권세를 가지신 주님이 여러분에게 이 직분을 주셨습니다. 그러므로 영광이 있습니다. 뿐만 아니라 이 직분은 사람을 죄와 죽음에서 자유케 하는 직분입니다. 이 얼마나 영광입니까? 죽이는 율법의 직분도 영광이 있는데 죄로부터 사람을 살리는 이 직분이 얼마나 영광이 있습니까? 여러분은 눈만 뜨면 영적인 문제를 다룹니다. 이것만큼 영광스러운 직책이 이 세상에 어디 있느냐는 말입니다. 결혼식에서, 병원에서, 중환자실에서, 무덤에서 많은 사람들이 질문을 던집니다. 여기에 대해서 대답할 수 있는 유일한 권세를 가진 사람은 바로 사역자들입니다. 그렇지 않습니까? 인생의 의미를 발견하지 못해서 우왕좌왕하면서 마음에는 공허감을 안고 살아가는 사람들에게 진정한 삶의 의미와 진정한 진리가 어디에 있는가를 분명하고 소신 있게 전할 수 있는 특권을 가진 사람도 사역자들입니다. 이것이 얼마나 영광스러운 일입니까?

죄책감 때문에 잠을 이루지 못하고 고통 받는 사람을 붙들고 하나님의 사랑과 용서하심을 전하면서 그로 하여금 죄책감에서 자유함을 얻도록 하는 이 직분! 하나님이 주신 것입니다. 하나님이 여러분에게 주신 평생의 면허증이라고 할 수 있습니다. 여러분이 이런 직분을 가지고 사역하고 있습니다. 얼마나 영광스럽습니까?

여러분은 여러분의 설교를 통해서 어떤 사람이 어떤 은혜를 받는지 잘 모릅니다. 그러나 분명 하나님께서 무언가 하고 계신다는 사실을 믿습니다. 우리는 하나님의 말씀을 함께 나누면서 어떤 사람의 인생 방향이 바뀌는 것을 가끔 봅니다. 얼마나 영광스러운 직분입니까?

둘째로, 여러분 직분에 주어진 능력 때문입니다.

여러분 직분에는 능력이 있습니다. 고린도후서 4장 7절 말씀을 보십시오.

> "우리가 이 보배를 질그릇에 가졌으니 이는 능력의 심히 큰 것이 하나님께 있고 우리에게 있지 아니함을 알게 하려 함이라."

여러분이 하나님으로부터 받은 이 직분에는 능력이 따라옵니다. 시시하게 보여도 하나님께서 기가 막힌 능력을 여러분에게 주셨습니다. 놀라운 능력입니다.

한 가지 예를 들겠습니다. 하나님께서 우리를 불러 주시고 교회를 맡기시고 "목사가 되라, 전도사가 되라, 선교사가 되라" 하시면서 이렇게 우리에게 직분을 주실 때 우리의 모습은 질그릇입니다. 그러나 굉장한 능력이 함께 수반된다는 것을 믿어야 됩니다. 놀라운 역사가 일어납니다.

울산에서 보낸 어느 목회자의 편지입니다. 저는 이 분을 잘 모릅니다. 생전 처음 저한테 편지를 보냈습니다. 그가 지금 시무하고 있는 교회는 자기가 처음 부임했을 때 상황이 너무나 절망적이었다고 합니다. 목회 초년생으로 부임을 했는데 그 교회는 10가지나 되는 너무 기가 막힌 조건을 가진 교회였다고 합니다. 사분오열된 교회, 교인 한 사람도 남아 있지 않은 교회, 법정 시비가 있었던 교회, 너무나 싸워서 이웃사람들에게 똥물 세례까지 받았던 교회, 빚이 3억 이상 있었던 교회, 주변에 교회는 하나도 없고 무당과 유명한 보살만 100여 명이 있는 농네, 모든 선배 목사들이 포기하자고 했던 교회, 노회에서조차 처분하려고 하였던 교회, 교회를 오랫동안 방치해 놓은 결과 교회에 불이 나서 교회 건물도 제대로 없고 폐물 창고처럼 되어 마리화나나 본드 흡연의 중심 장소가 되어 버린 무법지대의 온상, 게다가 주변 이웃들이 관할 구청에 진정을 내서 철거 권고를 받고 있었던 교회, 울산 토박이가 가장 많은 오래된 지역…. 이렇게 숨이 콱 막히는 10가지 조건을 골고루 갖춘 기가 막힌 교회로 6년 전에 부임을 하였답니다.

여기에서 무슨 선한 일이 일어났겠습니까? 그런데 이런 상황 속에서 6년이 지난 지금은, 하나님의 역사가 여러 차례 일어났고, 무당이 회개하고 돌아오고, 치유 역사가 일어나고, 빚을 다 갚고 2층 건물까지 증축하고, 주변 이웃들에게 칭찬받는 교회가 되어 재적 교인이 200명이나 되는 교회로 성장하였다고 합니다. 이 소문을 듣고 조금 큰 교회에서 여러 번 자기를 오라고 초빙을 했는데, 하나님께서 그렇게 하는 것을 기뻐하지 않는다는 것을 알고 그 교회에 남아서 평생을 헌신하기로 하였답니다.

그런데 그러한 이야기 끝에 다음과 같은 글이 씌어져 있었습니다.

"이렇게 목사님께 글을 드리는 이유는 이렇게나마 교회가 성장하게 된 동기가 있습니다. 근본적이고 직접적인 이유가 있습니다. 바로 제자훈련이었습니다. 이 교회에 오기 전에 저는 제자훈련 세미나를 받았습니다. 그래서 이 교회에 와서 제자훈련을 계속하였습니다. 저희 교회가 지닌 가장 큰 문제점은 평신도 지도자들이 없었다는 것입니다. 그런데 제자훈련을 통해서 이 문제가 해결되니까 교회가 달라지고 하나님의 놀라운 역사가 일어나는 것을 보았습니다. 그래서 목사님 실망하지 마시고 힘들어도 절대 중단하지 마시고 목사님 하시는 일을 계속하시라고 이 글을 드립니다"라고 말입니다.

질그릇 같은 우리를 사용하시는 하나님의 능력을 아십니까? 나는 아무리 볼품없는 질그릇일지라도 하나님이 나와 함께하시는 이상 우리는 낙심할 수가 없습니다. 내 힘으로 한다면 천 번이라도 낙심을 할 수밖에 없습니다. 그러나 하나님의 능력이 나와 함께하는 이상 왜 내가 낙심해야 합니까? 어떤 상황에서도 우리는 낙심할 필요가 없습니다. 하나님이 일하십니다. 하나님이 역사하십니다. 하나님이 없는 것 가운데 있는 것처럼 들어 쓰십니다. 하나님께서 에스겔 골짜기의 마른 뼈를 일으키셨듯이 우리를 통하여 하나님의 역사를 이루시는 것을 믿어야 합니다.

그러므로 진정한 소명자는 절대 낙심하지 않습니다. 우리의 사역을 통해 지금도 한 영혼이 구원을 얻습니다. 깨어지기 직전의 가정이 치유를 받습니다. 위기에 빠진 사회가 건짐을 받습니다. 가끔 이러한 일들을 일으킬 만한 능력이 정말 나에게 있느냐, 없느냐로 고심할 때도 없지 않아 있습니다. 저나 여러분이나 똑같습니다. 안 되는 일은 안 됩니다. 아무리 애를 써도 안 됩니다.

며칠 전의 일입니다. 우리 교회 집사님 한 분이 저한테 와서 다짜고짜 "목사님, 왜 제 침실을 도청합니까?" 하고 달려들었습니다. 생전 처음 보는 집사였습니다. 집사님이 하도 많으니까 제가 얼굴을 잘 모를 때가 있습니다. 40대 초반의 아주 아름답게 생긴 분이었습니다. 말을 하는 것을 들으니 교육 수준도 상당한 것처럼 보였습니다. 저는 벌써 그 집사님에 대해서는 소문을 듣고 있었습니다. 다락방에 가서도 문제를 일으키고, 이웃에게도 문제를 일으키고, 부교역자도 못살게 군다는 이야기를 들었기 때문에 처음부터 그분이라고 생각을 하고는 감정이 안 좋아졌습니다. '고분고분하게 잘 말해서 돌려보낼까? 아니면 한바탕 호통을 쳐서 보낼까?' 하고 잠시 갈등을 하였습니다. 가장 좋은 방법은 하나님께서 저에게 능력을 주셔서 이런 정신분열 환자를 위해 기도 한번 해 주면 깨끗이 치유되는 역사가 일어났으면 좋겠는데 지금까지 사랑의교회 목회 23년 동안 그런 일은 단 한 건도 없었습니다.

비슷한 경우를 여러 번 겪었거든요. 대학부를 지도할 때 한 제자도 미국에서 10년 정도 유학을 하고 돌아와 정신이 이상해져서 저를 사단으로 생각 하고 오랫동안 공격을 하였습니다. 그러는 동안 저는 그 자매를 위해서 얼마나 기도하였는지 모릅니다. 저도 어떻게든 해서 고치는 역사가 일어나면 좋겠는데 하나님께서 도무지 그런 은혜를 안 주셨습니다. 그러니까 이번에도 안되는 것이 뻔하지 않겠습니까? 하지만 왜 도청하느냐고 달려드는 여자를 어떻게 합니까? '다시는 찾아오지 못하도록 공포감을 좀 심어 줘야겠다'고 생각하고는 소리를 질렀습니다. "예수의 이름으로 명하노니 물러가라!" 그랬더니 사무실에 있는 직원들이 다 뛰어나오고 정신이 없었습니다. "어디서 함부로 목사가 도청했다고 떠드느냐?" 내 평생 처음으로 소리소리 질렀습니다. 그랬더니 움츠러들어서 슬그머니 나가더라고요. 그러더니 마당에서 제 사무실을 향해서 손가락질을 하면서 "설교는 그럴 듯하게 하면서 네가 목사냐! 다음부터 설교하지 마라! 설교하지 마라!" 하면서 갔습니다.

점점 이런 사람들이 많아집니다. 이런 사람을 볼 때마다 '하나님, 이런 사람을 예수 그리스도의 이름으로, 성령의 능력으로 치유할 수 있는 능력을 주시옵소서, 왜 병원으로만 자꾸 보내야 합니까? 주님의 이름으로 치유할 수 있게 하옵소서' 하며 그들을 불쌍히 여기는 안타까운 마음이 가슴 속에서 치밀어 올라도 안되는 것은 안 되더라고요. 그럴 때마다 우리는 좌절합니다. 하지만 우리에게는 그것보다 더 큰 능력, 즉 영혼을 죄로부터 구원시키고, 하나님 보시기에 온전한 자로 세우는 일에 말씀을 들고 사역할 수 있는 능력을 주셨습니다. 성령의 권능을 주셨습니다. 믿으시기 바랍니다. 이 능력이 있는 이상 여러분은 절대로 낙망할 필요가 없습니다.

셋째로, 여러분의 직분이 보장 받는 미래 때문에 낙망해서는 안 됩니다.

고린도후서 4장 16절부터 17절 말씀에 다음과 같이 기록되어 있습니다.

> "그러므로 우리가 낙심하지 아니하노니 겉 사람은 후패하나 우리의 속은 날로 새롭도다. 우리의 잠시 받는 환난의 경한 것이 지극히 크고 영원한 영광의 중한 것을 우리에게 이루게 함이니."

우리에게는 해피엔드가 기다리고 있습니다. 확실한 미래가 있습니다. C. S. 루이스는 "역사를 읽어 보면, 현세를 위해 가장 훌륭한 일을 한 기독교인들은 다음 세상에 대해서 가장 많이 생각한 사람들이었다"라고 말하였습니다. 로마제국을 개종시킨 사도들이 그랬고, 중세 암흑기를 밝힌 위대한 개혁자들이 그랬고, 노예무역을 폐지한 윌리엄 윌버포스와 같은 영국의 복음주의자들의 생각이 모두 미래의 하나님 나라에 가 있었기 때문에 오늘날 역사에 큰 발자취를 남기는 위대한 일을 할 수 있었던 것입니다.

여러분이 무력해지는 이유가 무엇입니까? 천국에 대한 생각이 멈추었기 때문입니다. 여러분 앞에 있는 미래를 보십시오. 어차피 인생은 미완성 작품입니다. 미국의 신학자 라인홀드 니버는 "할 만한 가치가 있는 것 가운데서 우리 한평생에 완성되는 일은 하나도 없다. 때문에 우리는 소망을 통해서 구원을 받아야 한다"라고 하였습니다. 옳은 말입니다. 미래에 대한 소망이 없으면 우리는 구원 자체를 의심할 정도로 심각한 좌절에 빠질 때가 있습니다. 그러나 우리가 낙심하지 않는 이유가 뭡니까? 소망이 있고, 미래가 있고, 예수 그리스도 안에서 완성되는 해피엔드가 있기 때문입니다.

소명은 어떤 의미에서 직분보다 선행되어야 할 뿐만 아니라, 더 오래 지속되어야 합니다. 우리가 목사직을 은퇴했다고 해서 소명에서까지 은퇴한 것은 아닙니다. 우리의 소명은 이 세상 다할 때까지 아무도 빼앗아 가지 못하는 것입니다. 그리고 죽음이 우리를 찾아오면 사람들의 눈에는 우리의 모든 소명도 끝나는 것처럼 보이지만 실제로 그순간 우리의 소명은 인생의 절정기를 맡게 됩니다. 왜냐하면 예수님이 기다리고 계시기 때문입니다. 우리가 작은 소자 하나에게 냉수 한 그릇 준 것까지도 잊지 아니하시는 주님이 기다리고 계시기 때문입니다. 우리가 크고 영원한 영광의 중한 것을 함께 누리는 마지막 순간이 있는 것입니다. 그 소망이 있기에 우리는 낙심하지 않습니다.

데살로니가전서 2장 19절부터 20절 말씀을 봅시다.

> "우리의 소망이나 기쁨이나 자랑의 면류관이 무엇이냐 그의 강림하실 때 우리 주 예수 앞에 너희가 아니냐 너희는 우리의 영광이요 기쁨이니라."

별 볼일 없는 것처럼 보이는 작은 소자 하나를 위해서 내가 정성을 쏟았다면 그 소자가 주님이 재림하시는 그때에, 마지막 하나님 나라가 완성되는 그 시간에, 나의 면류관이요, 나의 자랑이요, 나의 기쁨이 된다는 사실을 믿으시기 바랍니다. 반드시 있습니다. 그날이 옵니다. 그래서 내 스스로 부족해서 일을 다 못하고 갈 수도 있고, 아무리 애를 써도 남 보기에는 실패자로 보일 수도 있지만 우리의 사역에는 실패가 없습니다. 마지막 때에 하나님이 지극히 작은 것이라도 큰 일을 한 사람처럼 칭찬하시고 축복하실 것을 믿으시기 바랍니다. 이 영광이 여러분을 기다리고 있습니다.

그러므로 사랑하는 이여, 부디 다시 한번 비밀한 소명을 회복하십시오. 사역의 현장이 아무리 힘들고, 한국 교회의 전체적인 상황이 아무리 답답해도 여러분은 결코 낙심할 수 없다는 사실을 확신하시기 바랍니다. 여러분의 직분이 가지고 있는 영광 때문에, 여러분의 직분에 있는 능력 때문에, 여러분의 직분 앞에 기다려지는 미래 때문에, 낙심할 수 없다는 사실을 꼭 믿고 우리 다같이 힘을 합해서 하나님의 나라와 주님의 크신 이름을 위해서 전진하고 충성할 수 있기를 바랍니다.

표준을 낮게 잡으면 망한다

교회갱신을 위한 목회자협의회 영성수련회(2001. 8. 22)

"내가 그리스도를 본받는 자 된 것같이 너희는 나를 본받는 자 되라"(고전 11:1).

저는 제 자신의 내면에 감추고 있는 영적인 고민과 한국 교회의 사역자들을 바라보면서, 또 신학교에서 훈련받고 있는 많은 후배들을 바라보면서, 제 나름대로 마음속에 가지고 있는 불안 하나를 중심으로 말씀을 드리려고 합니다.

오늘날 한국 교회의 리더십에 엄청난 변화가 일어나고 있습니다. 그 변화는 좋은 방향의 변화라기보다는 좋지 못한 방향으로의 변화입니다. 질적으로 좋아지는 변화가 아니고, 질적으로 나빠지는 변화입니다. 달리 말하면, 리더십의 신뢰가 떨어졌다는 말입니다. 실추되고 있다는 것입니다. 아마 이 리더십의 실추나 리더십의 변화를 설명할 수 있는 키워드가 있다면 '인격'이라고 말할 수 있습니다. 목사라는 인격에 대해 놀라울 정도로 존경심이 사라져 버렸습니다. 누군가 하는 말이, 공항에서 어떤 사람이 신부라는 사실을 알면 모든 젊은이들은 그를 향해 허리를 굽히고 경의를 표한다고 합니다. 그러나 상대가 목사라는 것을 알면 고개를 돌리고 피해 버린다고 합니다. 이정도로 목회자의 처지가 마음이 아프다 못해 슬픔을 느끼지 않을 수 없을 만큼 변질되어 버렸습니다. 이것이 무엇 때문이겠습니까? 목사의 인격이 그만큼 사람들에게 신뢰를 얻지 못한다는 데 있습니다.

저를 비롯하여 목회자들은 거룩한 말씀을 날마다 가르쳐야 하고 전해야 하는, 어찌 보면 참으로 불행한 위치에 있습니다. 하나님께서 "질그릇에다가 보배를 담았다"(고후 4:7)고 하셨는데, 금 그릇에다 담았으면 그 금 그릇도 행복할 것 아니겠습니까? 그런데 질그릇에다가 보배를 담았으니 이 질그릇은 죽을 지경인 것입니다. 이것을 못 느끼는 목회자라면 그 사람이 약간 좀 이상하거나, 아니면 너무 은혜를 받아서 천사가 되었든지 둘 중의 하나입니다.

어찌 보면 목회자들은 모두 기를 펴고 살 수 없는 처지에서 사역을 하고 있는 사람들입니다. 거룩한 말씀을 가르치고, 날마다 거룩한 말씀을 이야기해야 하는 위치에 있기 때문에 모든 사람이 그만큼 믿어 주고 존중해 주고, 또 모든 면에서 따라야 하지 않겠습니까? 그런데 실상 그렇지 않습니다. 오늘날 많은 평신도들의 마음속에는 목회자가 '열심히 가르치면서 자기는 잘 안 지키는 사람', '남은 거룩하게 훈계할 줄 알면서 자기에게는 관대한 사람'으로 각인되어 있습니다. 때문에 이제는 기도 많이 하는 목회자라는 것을 가지고는 그 인격이 신뢰를 받지 못합니다.

성경 들고 다닌다고 누가 신뢰해 줍니까? 설교 잘한다고 누가 신뢰해 주나요? 이제는 모두 한 수 깎아 내려서 사역자들을 평가하고 봅니다. 이 말이 참인지 거짓인지는 여러분 가까이에 와서 "존경합니다" 하는 사람들의 내면을 조금만 더 깊이 바라보면 알게 됩니다. 그들의 내면에는 무엇이 있습니까? 불행하게도 교회 안에는 은혜 받은 아첨꾼들이 너무나 많습니다. 여러분은 그 아첨하는 말에 너무 많이 흔들립니다. 좀더 직시해야 할 필요가 있습니다. 왜냐하면 오늘날 우리의 인격이 너무하다 싶을 정도로 사람들로부터 존중을 받지 못하고 있기 때문입니다.

그런데 더 심각한 문제가 있습니다. 목회자의 인격이 이처럼 위기를 만나고 있는 것에 대해 심각하게 생각하는 목회자들이 그렇게 많지 않다는 사실입니다. 능력에 대해서는 관심이 많습니다. 능력 있는 목회자, 능력 있는 설교자가 되고 싶어서라면 눈이 번쩍번쩍 합니다. 그러나 인격에 대한 이야기를 하면 별 관심이 없습니다. 교회 부흥에 대한 방법론을 이야기하면 사람들이 구름 떼처럼 모여 듭니다. 그러나 인격에 대해 강조하는 이야기를 하면 다 눈을 감고 좁니다. 이것은 무엇을 의미합니까? 심각성을 느끼지 못한다는 이야기입니다. 이것이 큰 병입니다.

우리, 솔직히 이야기해 봅시다. 강단에서 사람들에게 가장 감동을 주는 사람이 누구입니까? 울렸다 웃겼다 마음대로 하는 사람이 누구입니까? 부흥사들이 아닙니까? 그런데 그분들의 세계로 들어가 보면 정말 가슴을 칠 일들이 한두 가지가 아닙니다. 능력은 있는지 모르겠습니다. 사람들에게 일시적으로 은혜를 끼치는 줄은 모르겠습니다. 모든 사람 앞에 잠깐 천사처럼 보일 수 있을지는 모르겠습니다. 하지만 왜 결국에는 그들의 인격에서 냄새가 나는 일들이 많이 일어나는 것입니까? 모두가 그렇다는 말은 아닙니다. 그러나 대부분이 그렇습니다. 이것은 오늘날 한국 교회 목회자의 상황을 잘 대변해 주고 있는 일면이라고 생각합니다.

「Today's Pastor in Tomorrow's World」라고 하는, 이름이 약간 이상한 미국 잡지가 있습니다. 아마 '내일을 위한 오늘의 목회자' 정도로 해석할 수 있을 것입니다.

그 잡지에서 평신도 2천 명을 대상으로, "평신도들이 어떤 목회자를 원하는가?"라는 내용의 설문조사를 한 결과를 잠깐 본 일이 있습니다. 그 결과 평신도들이 가장 원하는 목회자 상은 다음과 같았습니다.

첫째로, 개인적 야망에 대한 보상을 기대하지 않는 헌신적인 목회자였습니다.

종종 목회를 자신의 개인적인 야망을 충족시키는 수단으로 이용하는 목회자가 있습니다. 평신도가 정확하게 읽고 있는 것입니다. 설교하는 말을 들으면 벌써 '아, 저 사람의 마음속에 있는 키워드는 야망이구나, 소명이구나.' 금방 알아차립니다. 참 기가 막힙니다. 배우지도 않았는데, 목회자보다 영성이 뛰어난 것 같지도 않은데, 매우 정확한 평가를 합니다. 마치 자식들이 배우지 않아도 엄마의 눈치를 보면 다 읽어 내듯이 양떼들은 다 읽어 냅니다. 평신도는 인격적으로 자기 야망을 앞세우지 않는 목회자를 원합니다.

둘째로, 인격적으로 신실한 목회자였습니다.

믿을 수 있는 목회자였으면 좋겠다는 이야기입니다. 이 얼마나 기가 막힌 이야기입니까? 말은 유창하게 잘 하는데 그 말이 좀처럼 믿어지지 않는다는 이야기입니다. 인격을 못 믿겠다는 이야기입니다.

셋째로, 모범적인 표준이 되는 목회자였습니다.

믿고 따르고 싶은데 '제발 좀 모범적인 표준이 되어 주었으면….' 하는 것입니다. 이 얼마나 정곡을 찌르는 말입니까?

이 세 가지를 하나로 묶어 놓고 보면, 한마디로 인격을 갖추고 있어야 한다는 것입니다. 이것이 평신도가 원하는 지도자상입니다. 목회자입니다. 그런데 이 사실을 목회자들이 너무 소홀히 다루고 있습니다. 애석하게도 별 신경을 쓰지 않습니다.

예일신학교는 지금은 자유주의 신학에 너무 많이 물들어 별로 주목을 받지 못하는 신학교입니다. 그러나 그 신학교에서는 150년 전부터 해마다 유명한 설교학 특강을 합니다. 그러니까 150년 역사를 가진 설교학 특강 시리즈인 것입니다. 굉장한 것입니다. 제가 그 특강을 책으로 엮은 것을 몇 권을 읽어 봤는데, 그 깊이가 대단하였습니다. 그 특강은 당대의, 특히 미국과 영국에서 설교자로서 가장 탁월한 분들만 초청해 며칠씩 특강을 하는 것입니다. 때문에 예일신학교의 설교학 특강 시리즈 자료라 하면 누구든지 고전으로 생각할 정도입니다.

1876년, 지금으로부터 한 130년 전에 우리가 잘 아는 필립스 브룩스라고 하는 목사님이 특강을 하였습니다. 이분은 지난 천년 사이에 세계가 배출한 10명의 설교자 중 한 사람으로 평가되는 분입니다. 이분이 특강을 할 때, 이런 이야기를 하였습니다.

"사역을 위한 준비는 단순히 어떤 기술을 연마하는 것이어서는 안 된다. 더욱이 풍부한 지식만을 갖추는 것이어서도 안 된다. 사역을 위한 준비는 유능한 말씀 증거자로서 역량과 자질을 갖출 때까지 전 인격을 연마하는 것이다."

그래서 예일신학교 설교학 특강 시리즈의 기본 주제는 '인격'이라고 합니다. 100년 넘게 이어 온 주제가 '인격'입니다. 그만큼 사역자에게 중요한 것이 '인격'입니다.

저는 부름을 받은 것을 항상 감격하는 사람입니다. 생각할 때마다, 빌리 그레이엄 목사가 자주 독백한다는 "하나님, 하필이면 왜 접니까? 저보다도 훌륭한 평신도들이 우리 교회 안에도 수백 명, 수천 명이 있는데, 그 사람들을 목회자로 세우지 않고 왜 저 같은 것을 불렀습니까?" 하는 감격이 있습니다.

며칠 전에 우리 교회의 시무 장로 한 분과 사역 장로 두 분이 선교사로 떠났습니다. 연세가 모두 50대 중반이 넘었는데, 인생의 후반기를 선교지에서 보내고 싶다고 해서 지난 1년 동안 선교 기관에서 철저한 훈련을 받았습니다. 그리고 한 분은 블라디보스토크대학 한국어 교수로, 한 분은 연변과학기술대학 정보통신과 교수로, 또 한 분은 미국 풀러신학교에 가서 3년을 공부하고 멕시코로 떠나려고 합니다. 모두 한국에서 1급 두뇌들입니다.

저는 그들과 적어도 15년 이상 함께 신앙생활을 하였습니다. 제 밑에서 제자훈련 받고, 사역훈련 받고, 장로가 되어서 교회를 섬기신 분들입니다. 학력으로나 뭐로 보나 모든 면에서 탁월한 분들입니다. 지금 직장에서 나와 은퇴한, 돈만을 가지고도 편하게 살 수 있는 사람들입니다. 그럼에도 불구하고 참 어려운 곳으로 찾아갑니다.

떠나기 전에 저녁을 함께하는 자리에서 블라디보스토크로 가는 장로님이 말하였습니다.

"학교에서 방을 하나 주는데, 거기에 주방도 없습니다. 옛날 소련 치하에서 지은 것이니까 겨우 잠만 잘 수 있는 벌집 같은 기숙사에요. 그 방 하나 딱 준대요. 목사님, 거기 가서 연단 좀 받아야죠?"

그래서 제가 이런 말을 하였습니다.

"저는 사랑의교회에서 사역하면서 한 가지 의문이 있습니다. 왜 당신 같은 사람들을 하나님이 목사로 부르지 않고, 왜 저 같은 사람을 목사로 불렀는지 모르겠습니다. 당신들이야말로 인격적으로나 헌신하는 면에서나 목사를 기죽이기 딱 좋은 사람들인데, 왜 당신 같은 사람들을 부르지 않고 저 같은 사람을 불렀는지 모르겠습니다."

그렇습니다. 목사가 되기에 훨씬 타당한, 훨씬 적합한 평신도가 너무 많은데, 하나님은 그들을 부르시지 않고 정말로 이 허물투성이 저 같은 것을 불러서 하나님의 종으로 세웠다는 데 대해서 항상 불가사의하게 생각합니다. 수수께끼입니다. 그래서 감사하기도 하고, 불안하기도 합니다.

그런데 솔직히 말해 저는 제 자신을 미워할 때가 더 많습니다. 더욱이 저는 제자훈련을 해야 한다고 항상 깃발 들고 외치는 위치의 사람입니다. 그러니까 아마 그런 감정이 더 많이 생기는 것 같습니다. 저 자신에 대한 혐오감이 자주 저를 괴롭힙니다. 예수의 제자가 되자고 외치는 것만큼 제가 제자가 되지 못하고 있다는 것을 제 양심이 항상 증명하기 때문입니다. 그리고 남을 가르치는 것만큼 제 자신을 가르치지 못하는 데 대해서 어떤 때는 양심에 가책조차도 없는, 아주 직업꾼 같은 그런 제 자신의 모습을 발견하기 때문입니다. 그럼에도 불구하고 또 가르치지 않으면 안 되는 상황에 놓여 있는 제 자신의 모습을 보면서 어떤 때는 혐오감이 생깁니다.

제자훈련이 무엇입니까? 작은 예수가 되자고 하는 것이 아닙니까? 온전한 자가 되자고 하는 것이 아닙니까? 그래서 '평신도를 온전한 자로 세우자', '예수 닮아 가는 작은 예수로 만들자' 는 것이 제자훈련에서 항상 강조되고 있는데, 그렇다면 제가 어느 정도 수준에 있어야 하지 않습니까? 어느 정도 인격적으로 주님을 닮았다고 저 스스로 인정하는 것이 아니라, 교회가 인정하고, 가족이 인정하고, 주변 사람들이 인정할 수 있는 어느 수준에 있으면서 그런 소리를 하면 좋겠는데, 나이가 벌써 60이 넘도록 여전히 별로 달라진 것이 없어 보이는 저의 모습이 어떤 때는 혐오감을 유발시키는 것입니다. 이것은 저의 솔직한 고백입니다.

제가 제자훈련에 대해서 마음을 뜨겁게 가졌던 이유는 따로 있었습니다. 예수님이 제자를 만들라고 하셨으니까 그 명령에 복종해서 목회해야 한다는 소명감에서 시작하였습니다. 그리고 평신도를 깨우면 하나님의 교회가 놀라운 능력과 역사를 체험할 수 있다는 확신 때문에 이 일에 열을 올렸습니다. 그런데 이런 제자훈련을 2, 30년이 넘도록 하다가 보니 이제는 점점 그 관심이 제 자신에게 쏠리는 것입니다.

'도대체 예수의 제자가 된다는 것은 어떤 수준의 인격을 의미하는 것이냐? 그러면 너는 그 인격을 몇 퍼센트 정도나 네 자신의 삶을 통해서 보여 줄 수 있느냐?' 하고 계속해서 제 자신에게 포커스가 맞춰지는 것을 느낍니다. 그러니 겁도 나고, 불안하고, 답답하고 그래서 '내가 어쩌다가 이런 신세가 됐나?' 하는 생각도 하게 됩니다. 할 수 있으면 제자훈련이라는 말을 하지 않고, 은혜로운 설교, 은혜로운 교육을 얼마든지 할 수 있지 않습니까? 그런데 가장 힘든 주제를 가지고 설교를 할 때가 많고, 강의를 해야 할 때가 많다는 이 사실 때문에 저는 항상 부담을 느낍니다. 이게 저의 솔직한 고민입니다.

그러나 이런 고민이 모두 나쁘다고 생각지는 않습니다. 제가 낙천적이지 않아서, 제 기질에 부정적인 요소가 있어서, 완벽주의자라서 그렇다고 생각하지 않습니다. 이것은 제가 볼 때는 정상이라고 생각합니다. 우리는 질그릇입니다. 질그릇은 고민하게 되어 있습니다. 고민 없는 질그릇이라면 그것은 질그릇이 아닙니다. 때문에 우리가 인격 문제를 항상 신중하게 다루지 않을 수 없습니다. 그래서 저의 관심이 바로 인격입니다.

바울은 어떻게 이 문제를 처리했을까요? 바울이라고 완전하였습니까? 바울이라고 그 인격에 흠이 없었겠습니까? 절대 그렇지 않습니다. 우리는 서신서를 읽으면서 바울에게서 조금씩 스며 나오는 냄새나는 그의 약점들을 발견할 수 있습니다.

바울은 나와 같은 고민을 하지 않았을까? 자신의 인격 문제를 어떻게 해결했을까? 그 문제를 해결하면서 어떻게 그 영혼이 찌들지 않고, 그 영성이 위축되지 않고, 그 마음에 기쁨을 유지하면서 하나님의 종으로 평생을 살았을까? 그 비결이 무엇일까? 이것이 저의 관심사입니다.

그런데 고린도전서 11장 1절 말씀은 저에게 주는 굉장한 해답이었습니다.

> "내가 그리스도를 본받는 자 된 것같이 너희는 나를 본받는 자 되라."

내가 그리스도를 본받는 자 되려고 노력하고 있다는 이 말씀은 바울 서신에서 유일하게 나오는 말씀입니다. 다른 데서는 이런 말씀을 안 하였습니다. "나는 그리스도를 본 받으려고 한다." 저는 이것이 바로 바울이 자기 내면에 있는 인간적인 고민, 질그릇으로서의 약점, 인격적인 불완전을 극복하는 유일한 방법이었다는 것을 깨닫게 되었습니다. 예수님께 자기 눈을 고정시켜 놓고 평생 오직 그분을 닮는 데 정신을 집중하고 살았다는 이야기입니다. 본받는다는 게 쉬운 일입니까? 하루아침에 되는 게 아닙니다.

어떤 승려는 절간에 앉아서, 절간 앞에 있는 큰 바위만을 쳐다보며 40년을 살았다고 합니다. 그 바위만을 응시하면서 40년을 살다보니 나중에는 그 승려의 얼굴이 바위처럼 변하더랍니다.

참으로 예수님을 닮는다, 예수님을 본받는다 한다면 사시사철, 24시간 예수 그리스도를 응시하는 영의 눈을 가지고 있어야 합니다. 마치 태양계의 행성이 항상 태양을 바라보면서 도는 것처럼 예수 그리스도를 응시하는 내면의 눈이 있어야 합니다. 그분에게서 눈을 떼지 않고, 그분만을 바라보고, 그분을 닮으려고 전력투구해야 한다는 이야기입니다. 그러니까 바울은 이런 말까지 하지 않았습니까?

"… 이제는 내가 산 것이 아니요 내 안에 그리스도께서 사신 것이

라…"(갈 2:20).

"내가 내가 아니요. 내가 예수 그리스도다"라는 이상한 말을 할 정도로 그는 주님을 자기의 눈에 가득 차도록 하고 평생을 살았다는 이야기입니다. 그것은 자신의 인격의 불안정함을 극복하는 비결이었습니다. 자기 내면에 들어 있는 모든 모순과 번민과 부끄러움을 극복할 수 있는 비결이었습니다. 우리는 이것이 얼마나 어려운지 잘 압니다. 철저한 자기 부인이 없이는 예수님을 본받지 못하기 때문에, 그만큼 예수님을 본받는 자 되었다고 소리칠 정도면 철저한 자기부인이 가능하였다는 이야기입니다.

바울은 예수 그리스도를 철저히 본받겠다는 목표를 많이 달성한 것 같습니다. 만족스러울 만큼 예수님을 닮는 수준으로 나아간 것 같습니다. 무엇을 보고 알 수 있습니까? 그 다음 말씀 때문입니다.

"너희는 나를 본받는 자 되라."

이 말씀을 할 수 있었던 것은 그만큼 주님을 닮아 가는 데 있어서 자신있다는 이야기입니다. 그래서 주님을 점점 닮아 가는 자기 자신을 성도들이 눈으로 확인할 수 있도록 샘플로 내놓은 것입니다.

"너희는 나를 봐라. 나처럼 깊은 영안을 가지고 예수 그리스도를 주목해야 하는데, 그렇게 하지 못하는 약점이 너희에게 있을 것이다. 그러나 염려하지 마라. 내가 보이지 않는 예수를 보여 주마. 너희들은 나를 보아라. 나를 보고, 내가 하는 대로 따라하라" 하고 그는 자신 있게 말할 수 있었습니다.

바울은 복음을 증거하기 위해서 세상의 더러운, 만물의 찌꺼기가 되는 낮은 자리에까지 떨어지면서 자기를 완전히 비우고, 한 생명을 구원하는 데 헌신하는 자신의 모습을 보여 주면서 "너희는 나를 본받는 자 되라"고 말하였습니다. 그러면 바울이 세상 만물의 찌꺼기와 같은 자리에 떨어지면서까지 한 영혼을 구원하려고 전심전력하는 모습은 누구한테서 배운 것입니까? 바로 예수 그리스도한테서 배운 것입니다. 날마다 응시하고, 날마다 바라보며 그분을 닮으려고 노력한 결과 예수님처럼 된 것입니다. 그러니까 "너희는 나를 본받는 자가 되라"고 할 수 있는 것입니다. 얼마나 부러운 사람인지 모릅니다.

데살로니가전서 1장 6절에도 "우리와 주를 본받으라"는 말씀이 나옵니다. 즉 "우리가 너희 중에 어떠한 사람이 된 것을 너희가 알고, 우리가 어떻게 사는지, 어떤 인격을 가지고 너희를 대하였는지 너희가 잘 알므로 너희들은 우리들을 본 받으라."고 하는 것입니다.

빌립보서 3장 17절에서도 바울은 또 한번 "나를 본받으라"고 하였습니다. "나를 본받으라"고 말하는 그 배경은 무엇이었습니까? 온전히 이룬 것처럼 자만하기 쉬운 자들을 경고하면서 하는 말이었습니다. "온전히 이루었다는 소리를 하지 마라. 나는 앞에 있는 푯대를 향해서 지금도 달려간다. 마지막 상을 얻기까지 아직도 얻지 못한 자처럼 뒤를 돌아볼 틈도 없이 앞만 향해서 달려간다. 나를 보고 너희는 본받으라." 이것입니다.

영적인 세계에는 완전한 자리에 이르렀다고 말할 수 있는 사람이 하나도 없다는 것입니다. 바울처럼 어떤 면에서는 극치에 이른 그런 위대한 지도자도 항상 예수 그리스도를 바라볼 때는 아직도 이르지 못한 사람이요, 아직도 미완성의 상태에 있는 사람이요, 아직도 노상에서 달려가고 있는 자임을 발견한 것입니다. 그래서 진정한 영적 세계의 건강은 앞에 있는 것을 바라보고, 예수 그리스도를 바라보고, 아직도 나는 부족하다는 심정을 가지고 달려가는 데 있습니다. 완전하다고 스스로 자족하는 데 있는 것이 아니라, 나는 '이만큼 되었다' 하고 생각하는 데 있는 것이 아니라, 예수님의 수준에까지, 그분의 표준에까지 이르기 위하여 온 힘을 다해서 달려가는 데 있습니다.

저는 지금까지 사역자로서 일을 하면서 누구더러 "나를 본받으라"고 한 적이 없습니다. 제 자식들을 보고도 "나를 본받으라"고 하지 못하였습니다. 제 아내를 보고도 못하였습니다. 제자훈련을 수백 명을 시켰는지 수천 명을 시켰는지는 모르지만, 단 한번도 감히 "저를 보고 따르세요, 저를 본 받으세요" 하고 말하지 못하였습니다. 그러나 바울은 "나를 본받으라"고 하지 않습니까? 우리가 이 정도까지는 나아가야 하는데, 이것이 참 안 됩니다. 그러니 어찌 고민을 하지 않겠습니까?

지금 우리는 사역자로서 우리 자신의 고민을 이야기하고 있는데, 우리로 하여금 정말 기가 죽을 수밖에 없도록 하는 사실이 있습니다. "예수님처럼 되라. 작은 예수가 되라" 하는 것은 하나님께서 교역자에게 하신 말씀이 아니라는 사실입니다. 믿는 사람에게 다 요구하는 하나님의 표준입니다. 이게 제자훈련의 열쇠입니다.

감사하게도 요즘에는 이런 사실을 강조하는 훌륭한 분들의 책들이 많이 소개되어 저 자신도 많은 도전을 받고 있습니다. 장로교에서는 '예수님처럼 되고, 예수님처럼 변하는 것은 영화에 해당되는 것이기 때문에 그것은 종말론적으로 해석해야 한다. 그래서 우리는 저 세상에 갔을 때 비로소 주님과 같이 되는 것이니까 세상에서 너무 그런 면을 강조하는 것은 잘못하면 율

법주의나 신비주의에 빠지기 쉽다'라는 생각이 밑바탕에 있습니다. 그래서 장로교, 특히 우리 교단(예장합동)에서는 예수님을 닮는다는 것에 대해서 많이 강조하지 못하였습니다. 성화의 점진성을 신학적으로는 이야기하지만 그 점진이라는 것을 하나의 이론적으로만 생각을 했지, 우리의 인격과 삶이 점점 주님을 닮아 가는 경지로 들어가야 한다는 실제적인 면을 강조하지는 못하였습니다. 그러다 보니 "우리는 모두 인간인데" 하는 변명을 가지고 적당한 것은 다 눈감아 주는 현실주의에 곤두박질치고 말았습니다. 이것이 바로 오늘날 우리 한국 교회 교역자들 세계에 냄새가 진동하는 이유 중 하나입니다.

맥스 루케이도가 이렇게 말하였습니다.

"하나님은 우리를 있는 그대로 사랑하신다. 그러나 그대로 두시지는 않는다. 하나님은 우리가 예수처럼 되기를 원하신다."

헨리 나웬은 더 가슴이 콱 막히는 소리를 하였습니다.

"우리들의 영적 생활에 있어서 커다란 도전이 하나 있는데, 그것은 우리 자신이 예수님과 같다고 주장할 수 있어야 한다는 것이다."

우리 자신이 예수님을 닮았다고 주장할 수 있어야 하고, 또 우리는 오늘을 살고 있는 '살아 있는 예수'라고 말할 수 있어야 한다는 데 우리의 도전이 있다고 하였습니다. "나는 살아 있는 작은 예수다, 너희들은 나를 봐라" 할 정도로 높은 수준을 유지해야 한다는 것입니다. 하나님이 이것을 원하신다는 것입니다. 그래서 그는 말합니다.

"진정한 구원은 우리가 예수 그리스도가 되는 것이다."

종말론적으로 말하는 것이 아닙니다. 현실적으로 말하는 것입니다.

우리가 가장 부담스러워하고, 참으로 실천하기 어려운 말씀이 있지 않습니까? "원수를 사랑하라"는 것. 하지만 원수는커녕 이웃도 제대로 사랑하지 못하고, 가족도 사랑하지 못해서 고민하는 우리가 아닙니까? 그럼에도 불구하고 원수까지도 사랑하라고 하면서 예수님이 주신 유명한 말씀이 있습니다.

> "하늘에 계신 너희 아버지의 온전하심과 같이 너희도 온전하라"(마 5:48).

예수님의 요구입니다. 이것이 표준입니다. '온전'이라는 것은 '제자'라는 말입니다. '온전함'이라는 것은 '작은 예수'란 말입니다. 하나님은 그 수준을 요구하시는 것입니다. 모든 믿는 자에게 하나님이 요구하시는 표준이 이 수준이라고 한다면, 그들보다도 한 걸음 더 앞서야 되는 사역자들을 향해서 하나님이 요구하는 인격의 수준, 삶의 온전한 수준이 어느 정도이겠습니까? 우리는 정말 고민스럽고도 진지하게 생각하면서 기도해야 합니다. 우리는 이런 몸부림이 없이 주님을 본받는다는 것은 메마른 구호에 지나지 않는다는 사실을 경험을 통해 잘 알고 있습니다.

『거듭나기』라는 유명한 책을 쓰고, 교정선교의 개척자로 많은 영향력 미치고 있는 찰스 콜슨은 자신과 동역하는 교도소 사역자들에게 이런 말을 하였답니다.

"우리가 어떻게 하면 우리 앞에 놓여 있는 이 사명을 잘 감당할 수 있을까요? 어떻게 하면 이 사명을 좀더 잘 감당할 수 있을까요? 아, 아닙니다. 제가 질문을 잘못하였습니다. 질문을 수정하겠습니다. 정말 중요한 질문은 이것입니다. 우리들이 어떤 사람들이 되어야 할까요? '우리가 어떻게 하면 사명을 잘 감당할 수 있을까요?' 하는 것이 정확한 질문이 아니고, 진짜 해야 할 질문은 '우리가 어떤 사람이 되어야 할까요?' 입니다."

이 질문이 남의 질문이어서는 안 됩니다. 우리 모두의 질문이어야 합니다.

댈러스신학교 총장으로 있는 척 스윈돌 목사님은 함께 일하는 사역자들과 늘 확인하는 지침을 가지고 있다고 합니다. 그 지침을 놓고 함께 앉아서 서로 질문하고, 대답하면서 항상 자신을 점검하도록 한다고 합니다.

　첫 번째 질문은 "지난주에 어디서든지 사람들의 의심을 살 만한 이성과 같이 있었던 일이 있는가?"랍니다. 지난 한 주 동안 사람들이 봤을 때, '어?' 하고 의심을 한다든지 좀 이상하게 볼만큼 좀 의혹적인 이성과 단둘이 있었던 적이 있는지 체크하는 것입니다. 두 번째 질문은 "금전 거래를 정직하지 못하게 한 적이 있는가?" 랍니다. 그리고 세 번째 질문은 "노골적인 성 관련 자료나 포르노를 탐닉한 적이 있는가?"이고, 네 번째 질문은 "성경 공부와 기도에 적절한 시간을 보냈는가?"랍니다. 제 생각에는 이게 제일 앞에 나와야 될 것 같은데, 뒤로 미뤄 놨습니다. 그 이유가 있겠죠? 다섯 번째는 "가정에 우선적으로 시간을 할애하는가?"이고, 여섯 번째는 "소명에 따른 요구에 잘 응하고 있는가?"이고, 마지막으로 일곱 번째는 "나 자신에게 거짓으로 대답을 하지는 않았는가?"랍니다.

　그러고 보면 저는 참 대단하다고 생각합니다. 우리 교회에는 부교역자가 100명이 넘는데, 저는 그들을 앞혀 놓고 이런 데이터를 가지고 점검한 적이 한번도 없습니다. 그런데 왜? 척 스윈돌 목사님이 사람이 모자라서 그렇습니까? 아니면 여러 가지 허물이 너무 많아 양심에 가책으로 이런 짓을 합니까? 아닙니다. 우리 사역자들이 추구해야 될 인격의 표준이 워낙 높기 때문에, 만에 하나라도 잘못되어 하나님의 거룩한 일을 망치든지, 아니면 하나님의 이름을 욕되게 하든지, 거룩한 교회를 비난의 대상으로 만들든지 하는 이러한 일들을 막기 위해서 최소한의 점검을 하는 것입니다. 만약에 우리더러 이런 질문을 가지고 날마다 '예, 아니오'를 표시하라고 한다면, 우리는 어떻게 표할 수 있을까요?

다시 말씀드립니다. 교인들이 교역자들에게 요구하는 인격의 수준이 어느 정도인가를 늘 염두에 두시기 바랍니다. 교인들 자신이 주님을 닮아 가려고 몸부림을 치는 마당인데, 교역자에게 요구하는 수준이 있을 것이 아닙니까? 만약 자기와 똑같으면 만족을 할 수 있을 것 같습니까? 아닙니다. 이것이 저로 하여금 번민케 하는 것입니다. 어떤 때는 목사직을 그만 두고 싶게 만드는 이유가 됩니다. 이것은 완벽주의에서 오는 병적인 사고가 아닙니다. 성경적인 뿌리를 가지고 자신을 검증할 때 피할 수 없는 질문이요, 고민입니다. 그러나 이것은 중요하고, 유익합니다.

미국 국민들이 대통령한테 요구하는 도덕적인 수준이 어느 정도 높은가, 인격의 수준이 어느 정도 높은가를 보면 놀랄 때가 있지 않습니까? 좋은 예가 지난 대통령 선거 때 있었습니다. 미국 역사상 가장 치열한 선거전이었다고 말할 수 있을 만큼 고어와 부시가 박빙의 표차를 가지고 승부를 가르는 혈투였습니다. 처음에는 인기투표에서 고어가 얼마간 앞섰습니다. 그런데 막판에 접어들면서 부시가 점점 전세를 역전시키기 시작하였습니다. 그래서 엎치락뒤치락하는 현상이 한동안 계속 되었습니다. 그러던 중 선거 막판에 두 사람이 TV 토론을 하였습니다. 그때 평가가 어떻게 나왔습니까? "고어가 훨씬 잘한다. 고어가 훨씬 똑똑하다." 이렇게 평가하는 사람들이 많았습니다. 그래서 고어 쪽으로 인기가 넘어갔습니다. 그럼에도 불구하고, 나중에 지지도를 조사해 보니 부시가 앞서는 것이었습니다. 기자들이 이상하다고 생각하였습니다. 왜 TV 토론에서는 고어가 훨씬 잘하였다고 평가를 하면서 지지를 할 때는 부시 쪽으로 가느냐는 말입니다. 그 이유가 어디에 있었습니까? 대답은 간단합니다. 고어보다도 부시가 인격적으로 더 신뢰가 간다는 것입니다. 부시가 고어에 비해서 훨씬 더 정직한 지도자가 될 수 있다는 믿음이 생긴다는 것입니다. 67%의 사람들이 그렇게 대답하였습니다. 이것은 우리에게 시사하는 바가 많습니다. 세상에서 가장 더럽고 냄새나는 데가 정치판인데, 정치판의 대통령이 되는 데에도 국민들이 그 정도의 표준을 요구하고 있다는 것입니다. 그렇다면 날마다 거룩한 하나님의 말씀만을 가르치고 외치는 자리에 있는 사역자들에게 교인들이 요구하는 표준은 어느 정도일까요? 또 세상 사람들이 기대하는 표준이 무엇일까요? 우리는 이 문제를 놓고 늘 자기 점검을 하고 고민해야 한다고 생각합니다.

저는 결심하였습니다. '이제 남은 생애, 좀더 예수님을 응시하자. 내가 오르지 못할 정상일지는 모르지만, 좀더 눈을 크게 뜨고 주님을 응시하자. 밤이고 낮이고 주님을 응시하자. 그리고 목회 현장에서 일어나는 문제를 놓고 예수님은 어떻게 하셨을까 계속 질문하자. 그래서 예수님이 어떤 방식으로 했다는 해답이 나오면 나도 그렇게 해보려고 몸부림을 치자. 내 마음에 들지 않는 교인을 놓고, 또 내 마음에 고통을 주는 교인을 놓고 예수님이라면 어떻게 하셨을까 고민하자. 예수님은 가룟 유다를 3년 동안 끼고 다니면서 어떻게 하셨나, 베드로와 요한과 같은 제자들을 어떤 자세로 가르치셨나, 좀더 깊이 알자. 예수님은 한참 인기를 끌고, 승승장구할 때에는 어떻게 처신 하셨나, 주님을 좀더 깊이 응시하자. 주님은 사람들로부터 인기를 잃어버리고 저 밑바닥까지 추락 할 때 어떻게 하셨나, 주님은 그 순간 순간을 어떻게 극복하면서 하나님 앞에서 자기 자신을 지켰는가, 내가 좀더 주님을 알려고 노력하면 내가 그런 처지에 빠졌을 때 분명히 주님은 대답하실 것이다. 세상에서 멸시 받고 사람대우를 받지 못한 사람이 교회에 와서 무언가 실오라기라도 잡으려고 몸부림 칠 때, 그 사람에 대해 예수님은 어떠한 관심을 보이셨나, 주님은 사람 대우 받지 못하는 여자 하나를 어떻게 다루셨나, 병으로 인해서 인생을 아예 포기한 사람들을 어떠한 심령으로 대하였는가, 나는 배울 것이다. 예수님을 닮아갈 수 있도록.' 하고 결심한 것입니다.

우리는 좀더 배우고 좀더 몸부림을 칠 때 예수님을 닮아 갈 수 있습니다. 이것을 포기하면 우리는 사역자로서 생명이 끝나는 것입니다. 우리는 직업꾼이요, 먹고 살기 위해서 목사 일을 하는 사람일 수 있습니다. 그러나 예수 그리스도께 초점을 맞추고, "주여, 제가 안고 있는 이 문제를 주님은 어떻게 하셨습니까?" 하고 늘 물으면서 주님을 닮아가려고 할 때, 우리는 자신도 모르게 모든 성도들이 본받을 수 있는 하나의 모범이 될 수 있다고 믿습니다.

표준을 낮추지 마십시오. 우리의 표준은 예수 그리스도십니다. 그분은 완전한 분이십니다. 하나님이십니다. 비록 그 표준이 너무 완전해서 우리 모두에게는 너무나 부담스럽더라도, 표준을 낮추지 마십시오. 대청봉을 오르려고 준비하는 사람하고, 에베레스트를 오르려고 준비하는 사람은 그 준비 자세가 벌써 다릅니다. 생각이 다릅니다. 왜 그렇습니까? 오르려고 하는 정상이 너무나 다르기 때문입니다. 예수 그리스도를 닮고 그분처럼 살겠다고 하는 표준을 정해 놓고 사는 사람은 다른 사람과 구별될 수밖에 없습니다.

여러분, 이 표준을 낮추지 맙시다. 아무리 힘이 들어도 낮추지 맙시다. 절대 포기하지 맙시다. 그럴 때 우리는 주님이 칭찬하시는 종이 될 수 있습니다. 그리고 이와 같이 집요하고, 고집스럽게 주님만을 응시하고 주님만을 본받으려고 하는 자세가 결국 사역에 영광이 되고, 능력이 됨을 믿으시기를 바랍니다. 이 능력을 가지고 있는 이상, 어떤 문제도 겁나는 것이 없습니다. 세상이 아무리 악해져도 겁날 것이 없습니다. 세상이 종말을 향하여 달려가면서 하나님을 대적하는 세력들이 구름 떼처럼 일어난다고 해도 위축될 필요가 없습니다. 예수님은 승리자이십니다. 예수 그리스도, 그분 앞에서는 모든 것이 이미 해결되었습니다. 1,000년 전에도 세상은 여전히 악하였습니다. 2,000년 전에도 세상은 여전히 음란하였습니다. 우리는 금방 세상이 나빠지고 잘못될 것처럼 호들갑을 떨 필요가 없습니다. 세상은 늘 똑같았습니다. 예수 그리스도 앞에 세상이 얼마나 악하냐 하는 것은 문제가 되지 않습니다. 문제는 주님의 손에 쓰임을 받는 여러분이 어느 정도의 수준이냐 입니다. 우리 모두가 표준을 낮추지 않고, 오직 주님만을 푯대로 삼고, 그분만을 향하여 달려가려고 노력할 때, 우리의 목회에는 하나님의 놀라운 거룩함과 능력이 임할 줄을 믿습니다.

한국 교회 목회자들은 모였을 때는 뜨겁습니다. 기도할 때도 뜨겁습니다. 말씀을 들을 때도 "아멘"으로 화답하며, 모든 사람들이 감동을 받을 만큼 그 분위기가 화려합니다. 그러나 일단 문을 열고 나가면 너무 처참합니다. 이것이 한국 교역자들의 특징입니다. 교인들의 특징입니다. 문 열고 나가면 사람이 달라집니다. 마치 사우나탕에 들어가 땀을 실컷 흘리고 나서, 사우나탕 밖으로 나갈 때의 모습과 비슷합니다. 우리는 그렇게 하면 안 됩니다. 한국 교회가 부흥회가 없어서 이 꼴이 되었습니까? 수련회가 없어서 이 꼴이 되었습니까? '아멘' 소리가 낮아서 이 꼴이 되었습니까? '할렐루야'를 안 해서 이 꼴이 되었습니까? 더 솔직히 이야기해 봅시다. 기도 안 해서 이 꼴이 되었습니까?

미국 사람들이 볼 때 한국 교회 목회자들은 어마어마하게 기도하는 사람들입니다. 그러나 기도를 적당히 하는 것처럼 보이는 그들과 비교할 때, 우리가 어떤 면에서는 너무나 초라하게 보이는 이유가 무엇입니까? 실추된 우리의 인격을 회복합시다. 그러기 위해서는 예수님이라고 하는 그 표준을 다시 한번 정확하게 확인하고, 힘이 들어도, 십자가를 져도, 자기부인을 하지 않으면 안 되는 그런 고달픈 삶을 살아도, 그분을 닮아가려고 하는 몸부림, 이것만은 포기하지 맙시다. 그럴 때 하나님은 우리를 사용하십니다. 하나님이 우리를 통해서 영광 받으십니다.

십자가로 가까이

교회갱신을 위한 목회자협의회 영성수련회(2002. 8. 21)

"형제들아 내가 너희에게 나아가 하나님의 증거를 전할 때에 말과 지혜의 아름다운 것으로 아니하였나니 내가 너희 중에서 예수 그리스도와 그의 십자가에 못 박히신 것 외에는 아무 것도 알지 아니하기로 작정하였음이라"(고전 2:1, 2).

이재철 목사님이 "우리는 항상 변화되어야 하겠지만 변질되어서는 안 된다"고 이야기를 하는 것을 인상 깊게 들은 일이 있습니다. 그렇습니다. 우리는 성령의 창조적인 사역에 의해서 날마다 변화되어야 합니다. 왜냐하면 우리는 그리스도를 닮아 가기 위한 성화의 과정에 있기 때문에 한시도 쉬지 않고 주님을 닮아 가는 변화를 맛보게 되어 있고, 또 시대를 통해서 하나님께서 요구하시는 뜻과 일이 있기 때문입니다. 그러므로 그 뜻과 일에 일치할 수 있도록 나 자신을 창조적으로 파괴하는 일은 절대로 미루어서는 안 되는 일입니다. 그러나 우리에게는 본질적으로 절대 변질되어서는 안 될 것들이 있습니다. 그럼에도 불구하고 왜 목사들은 그렇게 변질이 잘 될까요? 나 자신을 봐도 어떤 때는 깜짝 놀랄 정도로 '내가 왜 이렇게 달라지지?' 하는 생각을 할 때가 있습니다. 참 서글픈 일입니다.

신학교를 갓 졸업한 후, 한 대학생을 붙들고 눈물을 흘리면서

'이 영혼을 바로 세우면 하나님께서 이 영혼 하나를 통해서 천을 이루고 강국을 이루는 위대한 이적을 일으키실 것이다'라고 순수한 비전을 품던 제 자신이, 이제 교인이 몇 만 명이 되고 나니까 저도 모르게 이상하게 변질되는 것입니다.

전도사 시절에는 제 사례비가 성가대 지휘자보다 더 적었습니다. 그것 때문에 집사람이 마음에 고통을 느끼는 것을 보기도 했는데, 그 당시 저는 사례비가 얼마인가에 대해 신경 쓰지 않았고, 그런 것에 마음이 끌리지도 않았습니다. 단지 주님이 시키신 일을 위해서 거지가 되어도 좋고, 남에게 욕을 먹어도 좋고, 주님 앞에 최선을 다하면 된다고 생각했었습니다. 이처럼 '주님이 알아주시면 그만이다'라는 일념을 가지고 뛰었던 때가 있었는데, 지금은 제 자신이 '그때와는 많이 달라졌구나' 하고 느낄 때가 있습니다.

대형 교회의 목사가 얼마나 변질되기 쉬운지 아십니까? 얼마나 많은 유혹이 있는지 아십니까? 세상에서 받을 수 있는 상을 혼자 다 받아 누려도 모자랄 만큼의 유혹을 받습니다. 그러다 보면 자신도 모르게 자꾸 기울어집니다. 자신도 모르게 가치관이 많이 달라집니다. 그러다가 자신이 변질되고 나면, 그 다음에 교인들을 자기가 원하는 방향으로 끌고 가는 것은 큰 교회 목사로서는 식은 죽 먹기입니다. 신약 성경 말씀을 접어 두고,

구약 성경 말씀에 무게를 둔 다음, 구약적인 사고를 가지고 성도들을 휘어잡으면 목사는 대제사장이 되고, 성도들은 대제사장을 섬기는 이스라엘 백성으로 전락합니다. 그러면 자신이 원하는 대로 다 할 수 있습니다. 못할 것이 하나도 없습니다.

그런데 별로 큰 교회도 아닌데 벌써 그렇게 변질이 되어서 구제불능이 된 목사들도 있습니다. 제가 확인한 바는 아니지만 들어보니 목사님 차는 일 억대가 넘고, 사모님 차는 얼마고, 딸 차는 얼마고, 집은 건평이 400평이라고 합니다. 그래서 교인이 얼마나 되나 물었더니, 기껏해야 몇 천 명이랍니다. 그 정도 교회도 목사가 변질되어 신약을 가지고 구약을 해석하여야 할 것을 구약을 가지고 신약을 해석하는 엉뚱한 발상을 하기 시작하면 그때부터 이상해지는 것입니다. 그런 사례를 한두 경우 보는 게 아닙니다. 소위 성공하였다고 하는 목회자들 중에 변질된 목회자들이 한두 명이 아니라는 것은 정말 기가 막힌 현실입니다.

저는 압니다. 얼마나 유혹이 많은지, 얼마나 잘못되기 쉬운지, 얼마나 최초의 자리에서 빗나가기 쉬운지를 잘 알고 있습니다. 누가 처음부터 총회장이 되기 위해 목사가 되겠습니까? 그러나 어느 새 총회장을 하기 위해 온갖 인간적인 술수를 다 쓰는 것을 보면 마음이 아픕니다. 양떼들은 영적으로 갈급해서 허우적거리고 있는데, 날마다 정치판에 뛰어들어 일주일 내내 필요도 없는 일들을 하면서 시간을 보내다가 주일날 적당히 설교를 하고 자기 역할을 다 했다고 하는 목사들이 어디 한두 명입니까? 그 사람들이 신학교에 갈 때에는 그런 마음을 가지고 가지는 않았을 것입니다. 그 사람들이 목사 안수 받을 때는 그들의 초심이 그렇게 엉망이지는 않았을 것입니다. 그런데 어쩌다가 그렇게 변질되었냐는 말입니다.

저는 이런 문제를 놓고 고민을 하다가 한 가지 답을 얻었습니다. 그 답은 '십자가의 영성'입니다. 십자가의 영성이 흐려지고, 십자가의 영성으로부터 점점 멀어지니까 사람이 변질되는 것입니다. 십자가와 십자가의 주님과 거리가 멀면 멀수록 변질되기 쉽습니다. 십자가의 주님께 가까이 다가가면 다가갈수록 변질되지 않습니다.

삶의 질이 나아지면서 우리 주변에는 십자가의 영성과는 거리가 먼 많은 이야기들이 난무하고 있습니다. 십자가의 주님보다는 부활의 주님을 강조하는 것이 기독교적이라고 외치는 사람이 있습니다. "한국 교회는 그동안 너무 십자가에 매달려 있었기 때문에 신앙이 상당히 부정적이다"라고 혹독한 비판을 하는 사람도 있습니다. "한국 교회가 십자가를 강조하는 것은 성경적이라기보다는 너무나 고난을 겪으면서 역경의 길을 걸어왔기 때문에, 부활보다는 십자가에 더 매력을 느껴서 강조하다

보니 오늘날 한국 교회가 이런 상황에 빠졌다"라고 분석하는 사람도 있습니다. 그러므로 지금은 "부활의 주님께 우리의 눈을 돌려야 한다"고 말합니다. 그러면서 "부활의 주님은 승리의 주님이고, 모든 것을 가능케 하시는 주님이며, 건강과 번영의 기독교를 가르쳐 주는 주님"이라고 외칩니다. 그래서 많은 분들이 그런 쪽에 관심을 가지려고 애를 씁니다.

교회에서도 어두운 이야기는 듣기 싫어합니다. 현실의 문제를 짚고 넘어 가려 하지 않습니다. 가급적이면 피하려고 합니다. 그리고 설교를 해도 성도들이 듣기 좋아하는 이야기만 하려고 합니다. 듣기 좋은 이야기를 듣고 "목사님, 은혜를 받았습니다" 하면 그 사람이 은혜를 받은 줄로 착각합니다. 근본적으로 수술을 해야 할 부분은 하나도 손을 대지 않습니다. 주님이 탄식하는 부분에 대해서는 가급적으로 눈을 감으려고 합니다. 부활의 주님 안에서는 모든 것이 해결이 되었는데 무엇 때문에 그런 것을 가지고 문제를 삼느냐는 것입니다. 이것이 100% 틀렸다는 것이 아닙니다. 우리는 부활의 주님을 찬양합니다. 그분 안에는 모든 것이 다 이루어졌습니다. 그분에게는 불가능이 없습니다. 그러므로 기독교는 항상 희망의 종교입니다. 미래의 종교입니다. 완성의 종교입니다. 능력의 종교입니다. 그것을 절대 부인하지 않습니다. 그러나 무엇이 문제입니까? 십자가가 없는 부활은 부활이 아니라는 사실을 잊어버리는 것이 문제입니다.

1950년대, 이 나라가 지독히도 가난했다는 것은 모두가 알고 있는 사실입니다. 그런데 기성 교회는 가난한 이들에 대해서 관심을 기울이지 않았습니다. 병든 사람을 놓고도 안타까워하는 마음이 별로 없었습니다. 그것이 그 당시 교회의 풍토였습니다. 그럴 때 그 가난한 사람들에게 소망을 주고, 병든 사람들을 살리기 위해 "믿는 자에게 능치 못하심이 없느니라"는 말씀을 들고 나와서 "믿으면 부자 됩니다, 믿으면 병이 낫습니다" 하는 메시지를 던진 것을 저는 절대로 잘못되었다고 생각하지 않습니다. 그것은 그 시대를 읽는, 또 그 시대에 필요한 메시지입니다. 그래서 지금 3, 40년이 지나고 나서 기독교가 기복 신앙을 앞세우는 좀 변질된 모습을 우리가 보기는 하지만, 그런 부작용이 좀 있다고 할지라도 그것이 잘못된 것은 아닙니다. 그러면 무엇이 문제입니까? 그것이 전부인 것처럼 이야기할 때에는 우리가 크게 잘못될 수 있고 하나님의 말씀에서 벗어날 수 있다는 것입니다. 요즘에 성공을 논하고, 적극적인 사고를 논하고, 행복의 중요성을 논하는 이들에게 가 보십시오. 그러한 것들은 우리에게 다 중요한 요소들이지만 한 가지가 빠진 것을 금방 알아차릴 수 있습니다. 십자가를 빠뜨립니다. 십자가를 건너뜁니다.

이러한 경향들이 목사를 자신도 모르게 변질시켜버리는 것입니다.

사도 바울을 연구해 보면, 사도 바울의 신학은 십자가의 신학입니다. 이것은 아무도 부인 못할 것입니다. 우리 생각에는 부활 신학일 것 같은데 부활 신학이 아니라 십자가 신학입니다. 그의 구원관을 한번 보십시오.

> "그리스도 예수 안에 있는 구속으로 말미암아 하나님의 은혜로 값없이 의롭다 하심을 얻은 자 되었느니라"(롬 3:24).

이 말씀이 바울의 구원관의 중심입니다. 십자가입니다. 그리고 그의 성화론을 한번 보십시오. 바울의 성화론은 로마서 6장 6절에 잘 나타나 있습니다.

> "우리가 알거니와 우리 옛사람이 예수와 함께 십자가에 못 박힌 것은 죄의 몸이 멸하여 다시는 우리가 죄에게 종노릇하지 아니하려 함이니."

바울의 성화론의 핵심도 십자가입니다. 그러면 바울의 교회론의 중심은 무엇입니까? 예수 그리스도의 피로 값 주고 사신 교회입니다. 이게 바울의 교회론입니다. 십자가를 빼놓고는 설명이 되지 않는 것이 바울의 교회론입니다. 바울의 세계관은 어떻습니까? 에베소서 2장 16절과 1장 10절 말씀을 보십시오. 원수된 것을 십자가로 소멸하시고, 하늘에 있는 것이나 땅에 있는 것이나 그리스도 안에서 통일되게 하는 것이 바울의 세계관입니다. 십자가를 빼놓고는 바울의 세계관을 설명을 할 수가 없습니다. 또 바울의 목회관을 봅시다. 사도행전 20장을 보면 그가 에베소 교인들을 위해서 어떻게 목회를 했는지 잘 알 수 있습니다. 날마다 눈물을 흘리고, 날마다 성도들을 바로 세우기 위해서 밤잠을 자지 못하고, 굶주리고, 자기의 권리조차도 요구하지 않는, 십자가의 길을 걸었습니다. 이것이 바울의 목회입니다. 십자가를 빼놓고는 바울의 목회를 이해할 수가 없습니다. 그는 성공을 떠벌리지 않았습니다. 적극적인 사고를 떠벌리지 않았습니다. 인생을 사는 데 있어서 복을 이야기하지 않았습니다. 사람들이 듣기 싫어하는 이야기를 피하지 않았습니다. 좋은 이야기든 나쁜 이야기든 교인들에게 유익하다고 생각되면 공적으로나 사적으로나 말하기를 꺼리지 않았습니다. 이것은 바울의 목회관의 중심에 십자가가 있다는 말입니다. 그렇기 때문에 바울은 변질되지 않았습니다. 그 목이 날아갈 때까지 그는 변질되지 않았습니다. 십자가와 가까이 있었기 때문에 그렇습니다.

바울의 이와 같은 십자가 신학은 바로 십자가 영성으로 이어졌습니다. 십자가의 신학이 기본이 되어 있기 때문에 그의 영성은 항상 십자가의 영성이었음을 알 수 있습니다. 고린도전서 2장 1절 이하의 말씀을 보십시오. 그는 무슨 이야기를 합니까? 우리말로 바꾸면, 바울의 생각은 밤낮없이 십자가에 죽으신 예수 그리스도께 가 있었다는 이야기입니다. 모든 사고의 중심이 십자가에 달리신 주님이었다는 이야기입니다. 이게 바울의 영성입니다.

빌립보 2장 5절 이하의 말씀을 보면 바울의 영성은 십자가의 영성임을 알 수 있습니다. 하나님과 일체이지만 하나님과 동등하게 됨을 거부하시고 자기를 비어 종의 자리까지 내려오신 주님, 그래서 십자가를 지시고 복종하신 주님, 그분이 바울의 영성의 중심이었습니다. 자기를 철저히 비우는 것, 그리고 낮아지는 것, 그래서 끝까지 하나님께 복종하고자 하는, 이것이 바울의 영성의 중심이었습니다. 그게 무엇입니까? 십자가였습니다. 골로새서 1장 24절 말씀을 보십시오.

> "내가 이제 너희를 위하여 받는 괴로움을 기뻐하고 그리스도의 남은 고난을 그의 몸된 교회를 위하여 내 육체에 채우노라."

이처럼 십자가의 영성은 철저히 자기를 낮추는 것이요, 철저히 자기를 십자가에 못 박아 죽이는 것이요, 철저히 그 앞에서 희생하는 것입니다. 바울은 바로 이 영성을 가지고 한평생 하나님께 충성하다 주님 곁으로 갔습니다.

> "그리스도 예수의 사람들은 육체와 함께 그 정과 욕심을 십자가에 못 박았느니라"(갈 5:24).

이는 남의 이야기가 아니라 바울 자신의 이야기를 하는 것입니다.

그런데 오늘날 우리가 관심을 가지는 영성과 바울의 십자가의 영성과는 상당한 거리가 있습니다. 특히 젊은 교역자들이 가지고 있는 영성은 어떠합니까? 어떤 성격의 것입니까? 그 영성의 중심에 무엇이 있습니까? 조심하십시오. 십자가가 빠지는 영성은 반드시 그 목회자를 변질시킵니다. 성공하면 성공하는 대로, 실패하면 실패하는 대로 변질시킵니다. 결국은 주님이 보내신 사자라고 말하기 어려운 자리에까지 떨어진다는 것을 꼭 기억해야 합니다.

저는 한국 교회가 지나치게 미국 교회의 영향을 받는 것을 우려하는 사람 중 하나입니다. 그리고 한국 교회 목회자들이 지나치게 미국 교회 목회자들의 정신적, 신학적, 사상적 가치관의 영향을 받는다는 것에 대해 상당히 우려를 하고 있습니다. 물론 미국에는 훌륭한 교회도 많고, 훌륭한 목사도 많이 있습니다. 그렇지만 미국이라고 하는 배경을 놓고 볼 때, 우리가 미국 교회를 무조건 따르는 것은 굉장히 위험합니다. 미국은 세계 초강대국입니다. 아무리 성경적으로 바른 해석을 한다고 해도 미국 교회 목사들은 자기네 상황을 벗어나서 성경을 보지 못합니다. 그 상황에 영향을 받는 것입니다. 그들은 지난 반세기 동안 전쟁을 겪지 않고 계속해서 부를 누리고 살아왔습니다. GNP를 따지자면 우리나라와 다섯 배 정도 차이가 나지만 축적된 부를 따지면 우리나라와 스무 배 이상의 차이가 나는 나라입니다. 그런 나라에서 목회를 하는 사람들입니다. 그러므로 그들은 굉장히 실제적입니다. 그리고 상당히 계산적이고, 인간적입니다. 따라서 종종 그들을 통해 우리의 가치관과 정면충돌하는 이야기를 들을 수 있습니다. 왜냐하면 그들의 문화적 배경 때문에 성경을 보는 안목이 우리하고 다르기 때문입니다.

그럼에도 불구하고 우리는 그들의 영향을 너무나 많이 받고 있습니다. 우리는 그들과 비교가 안 되는 상황에서 살고 있기 때문에 우리가 하나님의 말씀을 주목하면 그들보다 훨씬 유리한 조건이 하나 있는데, 그것은 십자가의 영성을 이해할 수 있는 폭이 우리 쪽이 훨씬 크다는 것입니다. 그래서 우리가 그들에게 가르쳐야 할 입장인데, 거꾸로 영향을 받고 있습니다. 좋다고만 하면 오만 가지를 전부 들여다 장사하는 세상이 되어 버렸습니다.

우리는 말씀을 주목해야 합니다. 우리가 미국 교회 목사들을 가르쳐야 합니다. 왜냐하면 성경이 말하는 진짜 영성이 십자가의 영성이기 때문입니다. 그 영성은 고난이 무엇인가를 아는 우리를 통해서 그들이 배워야 합니다. 한국 교회를 통해서 미국 교회가 배워야 하는 것입니다.

저는 이용도 목사님에 대해서 젊을 때도 관심이 있었는데, 최근에 감리교회에서 그분을 복권시키고 나서 그분에 대해서 쓴 책을 좀 읽어 보았습니다. 그분은 신비주의자입니다. 그분이 33년의 짧은 생애의 마지막에 가서 교계로부터 너무 핍박을 받으니까 조금 아쉽게 행동을 한 것은 사실이지만 그분의 중심은 정확하였습니다. 그분은 한국이 낳은 탁월한 신학자요, 목회자요, 부흥사였습니다. 그래서 우리는 그분에 대해서 연구한 자료들을 검토할 필요가 있습니다. 비록 시대는 그때와 너무 다르지만 십자가를 이해하는 부분에 있어서는 그분에게 배워야 할 것이 참으로 많다고 생각합니다.

그분의 글을 읽는 중에 당시 세계를 제패하고 권력을 휘두르던 구라파 교회에 대해서 이런 말을 쓴 것을 보았습니다.

"제국주의는 맘몬의 손에 들어가서 부정한 환희의 춤을 추고, 전쟁욕, 권세욕, 소유욕의 세 마녀는 구라파의 노변에서 잔치의 술을 마시고 있습니다. 주님, 저 구라파 천지에는 당신이 유하실 곳이라고는 일간 두옥도 남지 않았습니다. 오시옵소서. 그리스도여, 발길을 돌려 이리로 오시옵소서. 아시아에서 당신의 처소를 잡으시옵소서."

이 말 속에 뭔가 있지 않습니까? 우리 한국 지도자들이 고난의 역사를 점철하면서 십자가를 이해했던 은혜의 폭은 다른 어느 나라와 비교할 수 없을 만큼 깊었습니다. 그 대표가 바로 이용도 목사입니다. "주님이 유럽에 거쳐할 곳이 없습니다."를 요즘 말로 하면, "주님, 미국에는 주님이 거쳐할 곳이 하나도 없습니다. 오시옵소서, 한국으로 오시옵소서"입니다. 그만큼 그분은 무언가 긍지를 가지고 있었습니다.

그런데 오늘날 우리는 영성에 있어서 이 긍지마저도 다 잊어버리고 살고 있지 않습니까? 무언가 너무나 싸구려 기독교를 선호하고 있지 않습니까? 세상 사람들이 우리 기독교에 대해서 벌써 염증을 느끼고 돌아서는 현실을 보면서도 우리는 아직도 정신을 차리지 못하고 있습니다. 내 교회만 조금 부흥하면 천지가 다 잘되는 것처럼 착각해 버리고 환상에 젖어 있습니다. 우리는 변질된 우리 자신을 십자가 앞에서 다시 보아야 합니다. 바울의 십자가의 영성으로 우리의 눈을 돌려야 합니다.

우리 안에 꿈틀거리는 탐욕은 어디서 오는 것입니까? 자꾸 높아지려 하고, 대접받으려 하는 마음은 어디에서 생기는 것입니까? 남하고 비교하면서 자기를 자꾸 비하시키고 다른 사람을 부러워하는 마음은 어디에서 오는 것입니까? 무엇이 조금만 잘되도 자기 자랑하기에 바쁘고 유명해지려고 하는 본성은 어디에서 오는 것입니까? 겉으로는 신학의 옷을 입고, 아름다운 이론으로 치장했지만, 속으로 들어가 보면 주님의 사람이라고는 생각할 수 없을 정도로 변질된 모습을 하고 있는 것은 어디에서 오는 것입니까? 성도를 위해 희생하려 하고, 성도를 위해 자기 생명을 던지려고 하는 자세보다는 어떻게 하든지 성도를 이용해 자기의 인생을 좀더 즐겁고 기쁘고 의미 있게 살려고 애쓰는 사고방식은 어디에서 오는 것입니까? 모두 다 십자가에서 멀어졌기 때문에 나타나는 변질 현상입니다. 그러므로 중요한 것은 십자가와 나 사이의 거리가 얼마나 되는지 항상 재어야 합니다. 나하고 십자가의 주님과의 거리는 얼마나 될까 생각하는 것이 영적인 것입니다. 가까울수록 더욱 좋습니다. 그러나 거리가 멀다면, 분명히 문제가 생깁니다.

베드로가 멀찍이서 주님을 따라가다가 나중에는 완전히 실패한 것처럼 우리 역시 십자가에서 거리가 멀면 멀수록 실패할 확률이 높고, 시험받을 확률이 높고, 주님의 영광을 땅에 떨어뜨릴 확률이 높습니다. 이것을 알고 날마다 십자가의 주님과 거리가 얼마나 되는지 점검하시기 바랍니다. 이것이 우리에게 얼마나 중요한지 모릅니다.

주님은 십자가를 지고 가시면서 "나를 따르라"고 하셨습니다. 십자가의 주님을 따르라고 했지, 부활의 주님을 따르라고 하시지 않았습니다. 십자가를 앞에 놓고 걸어가면서 "나를 따라오려거든 자기를 부인하고 자기 십자가를 지고 나를 좇을 것이니라"고 하셨습니다(막 8:34).

그럼에도 불구하고 우리는 십자가와의 거리가 점점 멀어지는 안타까움을 자주 느낍니다. 그러므로 우리는 다음 두 가지 사항을 반드시 실천했으면 합니다.

첫째로, 날마다 십자가의 주님을 묵상합시다.

어떤 것보다도 먼저 주님의 십자가를 묵상합시다. 바울이 고린도전서 2장에서 말한 것처럼 "십자가에 못 박힌 예수 그리스도 외에는 알지도 아니하고 자랑하지도 아니하고 말하지도 아니하겠다"고 하는 간절함을 가지고 그 십자가의 주님 앞에 날마다 서는 연습을 해야 합니다. 나를 사랑하사 나를 위해 자기 몸을 버리신 예수님을 늘 마음에 두고, 그분을 생각하고, 그분이 오라고 하는 길이 어딘가를 다시 한번 귀담아 듣고, 그분이 가라고 손가락질하는 곳이 어딘가를 다시 한번 확인하고 하루하루를 시작하는 십자가의 영성을 가져야 합니다. 그래서 예수님 앞에서 나도 바울처럼 마음을 철저히 비우기를 힘쓰고, 낮아질 대로 낮아지기를 원하고, 정과 욕심은 십자가에 못 박고, 주님을 위해라면 생명도 아끼지 않는 그런 자세를 가지고 살면 우리는 결코 변질될 수가 없습니다.

저는 찬송 중에서 화니 크로스비(F.J.Crosby)가 작사한 찬송을 제일 좋아합니다. 그의 찬송 중에는 날마다 십자가를 가까이 하기를 간절히 바라면서 지은 찬송이 수없이 많습니다. 그는 왜 그런 찬송시를 계속해서 지었던 것일까요? 왜 자꾸 십자가에 가까이 인도해 달라고 했을까요? 우리는 그 사실을 깊이 주목해야 합니다.

찬송가 219장, 「주의 음성을 내가 들으니」는 가사가 잘못 번역되었습니다. "내가 매일 십자가 앞에 더 가까이 가오니"라고 되어 있는데, 원문은 "draw me, draw me"입니다. "나를 십자가 앞으로 이끌어 주옵소서", "주님이 피 흘리신 보혈의 십자가 앞으로 나를 인도해 주옵소서"입니다. 그런데 이런 경건한 시인이 왜 날마다 주님 앞에 기도하기를 "draw me, draw me to the cross"라고 했을까요? 그만큼 경건하면 됐지, 그만큼 주님 위해서 살면 됐지, 무엇 때문에 날마다 십자가 앞으로 더 가까이 인도해 달라고 기도합니까? 이유가 있습니다. 그것은 하나님의 종으로서 예수님을 따라 가는데 있어서 생명이기 때문입니다. 십자가의 주님을 묵상하지 않고 그분 앞에 가까이 다가가려고 하는 노력이 없이는 어떤 거룩한 것도 잘못되고, 어떤 선한 것도 부패한다는 것, 이것을 우리가 여기에서 배우는 것입니다.

둘째로, 참으로 십자가의 길을 걸어가기를 소원하는 위대한 선배들과 동료들을 늘 마음에 두고 자신을 비춰봅시다.

저는 중학교 때 부산에 있는 모 교회의 집회에 참석했었는데, 그때 미국 정통 장로교회에서 파송 받아 일제 시대부터 한국에서 선교를 하신 한부선 선교사님 가족이 나와서 특송을 하는 것을 보았습니다. 그때 부른 찬송가가 우리가 잘 아는 "주 달려 죽은 십자가 우리가 생각할 때에 … 놀라운 사랑 받은 나 몸으로 제물 삼겠네"였습니다. 그 선교사님 부부와 딸 둘, 아들 하나가 그렇게 서서 찬송가를 부르는데, 왜 그 십자가의 찬송을 선택해서 불렀는지 그 어린 나이에는 제가 미처 몰랐습니다. 그러나 제가 점점 나이가 들고 신학을 하면서 그때 그 아름답고, 은혜로웠던 장면을 마음에 떠올릴 때마다 '아아, 그 선교사님은 날마다 십자가를 마음에 두고 살았구나' 하는 깨달음이 있었습니다. 그랬으니까 일제 시대 때 선교사들을 다 추방할 때에도 그 선교사님은 한국을 떠나지 않고, 신사참배를 반대하다가 평양 감옥에 갇혀서 옥살이를 하였던 것입니다.

그분은 다른 선교사들과 달리 주님을 위해 끝까지 자기를 희생할 줄 아는 아름다운 모습을 한국 교회에 보여 주었습니다. 세상 사람들에게 말하면 '한부선'이 누군지 누가 알겠습니까? 그러나 주님 앞에서는 너무나 아름다운 존재입니다. 그런 분들과 자신을 비교하는 것입니다. 자꾸 비교하면 내가 얼마나 잘못되어 있는지 금방 깨달을 수 있습니다.

얼마 전 저는 일본 목회자들을 모아 놓고 제자훈련 세미나를 한 적이 있습니다. 그 세미나가 있은 후, 제 사무실에서 신조오 목사님 부부와 이런 저런 이야기를 나눈 적이 있는데, 그때 제가 얼마나 마음으로 감동을 받고, 부끄러웠는지 모릅니다.

여러분은 일본 목회가 얼마나 어려운지를 잘 알고 있을 것입니다. 신조오 목사 사모님은 의사의 딸이었습니다. 60이 넘어가는 나이인데, 자기네 가정에서 제일 먼저 예수님을 믿었답니다. 그 집안은 300년 불교 전통을 가진 집안이었는데, 이 자매가 예수님을 믿고 나서 얼마나 정성을 다해 가정의 구원을 놓고 기도하고 노력했는지, 얼마 뒤 아버지가 예수님을 믿고, 뒤이어 오빠가, 그리고 남동생이 예수님을 믿었다고 합니다.

일본에서 가장 어려운 선택이 목사가 되는 것이라고 합니다. 그런데 그 집안은 오빠도 목사가 되고, 남동생도 목사가 되고, 그 자매는 목사에게 시집을 간 것입니다.

그리고 신조오 목사님이 목회하는 교회는 동경이라고 합니다. 지방에서 목회를 하다가 한 50명이 모이 길래 "몇 년 해서 50명이나 모이다니, 이것 참 할만 하구나. 이럴 바에는 도시에 가서 마음껏 복음을 전해 보자" 하고 동경으로 왔는데, 옮긴 지가 여러 해 되었는데도 잘 안 된다고 씩 웃으며 이야기 하였습니다.

목회하기가 얼마나 어렵습니까? 일본에서 쓰레기통을 뒤지는 사람이 있으면 바로 선교사나 목사라는 말이 있을 정도로, 일본은 순교자의 자세를 가지고 목회를 하지 않으면 할 수 없는 곳입니다. 그런데 그런 길을 의사의 아들딸들이 걸어간 것입니다. 제가 이런 사실들을 놓고 제 자신을 비춰보는 것입니다. '내가 저런 처지에 있었다면 목사가 되었을까?', '교인 50명을 데리고도 주님 앞에 저렇게 행복해할 수 있을까?' 자꾸 돌아보는 것입니다.

여러분, 다른 사람들의 모습에 자신을 투영해야 합니다. 제 주변에는 훌륭한 사람이 너무나 많습니다. 저는 날마다 그분들을 통해 제 자신을 비춰봅니다. 제 사무실에 찾아오는 선교사들과 대화하면서도 제 자신을 돌아봅니다.

OM선교회 총재인 조지 바워는 저하고 동갑내기입니다. 그분이 한 번은 저에게 이런 말을 하였습니다.

자기 아내하고 둘이서 차를 타고 가는데 아내가 "옷을 샀다"고 그랬답니다. 그래서 "돈이 어디서 나서 샀느냐?"고 했더니, "누가 호주머니에 돈을 찔러 줘서 샀다"고 그랬답니다. 그래서 "무슨 옷을 샀느냐?"고 했더니, "새 옷을 샀지요" 그러더랍니다. 그래서 화가 나서 "헌 옷 사면 남은 돈으로 선교하는 일에 보탤 수 있을 텐데, 뭐 하러 새 옷을 샀느냐?"고 하면서 부부가 티격태격 싸웠다는 이야기를 하였습니다. 저는 그 말을 듣고 '나는 정말 타락한 목사 중의 하나구나. 이처럼 십자가의 길을 묵묵히 걸어가는 이 위대한 사람하고 나하고 어떻게 비교를 할 수 있나?' 하고 생각하였습니다.

저는 이럴 때마다 자꾸 저를 봅니다. 자꾸 보는 것입니다. 그래서 십자가로부터, 주님으로부터 멀어지지 않으려고 자꾸 몸부림을 치는 것입니다. 그것이 우리에게 필요합니다.

저는 이번 여름에 좀 쉬면서 짐 엘리엇 선교사의 부인인 엘리사베스 엘리엇이 쓴 『전능자의 그늘』이라는 책을 참 감동 깊게 읽었습니다. 짐 엘리엇에 대해서는 오래 전부터 알고 있었는데, 그분에 대한 자세한 이야기는 이번에 처음으로 알게 되었습니다.

짐 엘리엇은 휘튼대학을 수석으로 졸업한 후, 에콰도르의 선교사로 갔습니다. 그런데 그곳에는 사람을 만나면 무조건 죽이는 아우카 족이 살고 있었습니다. 그때까지 그 부족에게 접근해서 살아나온 백인은 단 한 사람도 없었다고 합니다. 야자나무로 만든 긴 창을 가지고 무조건 찔러 죽이는데 그 숫자가 수백인지 수천인지 헤아릴 수도 없답니다. 바깥 세상하고는 완전히 차단된 흉악한 부족인데, 그는 그 부족에 대한 이야기를 대학에 다닐 때부터 듣고, 늘 빚진 마음을 가지고 있었답니다.

'아무도 접근할 수 없는 사람들, 하나님의 존재조차 모르는 그들, 그들에게 복음을 전해야 한다. 그것이 바로 주님이 나에게 명령하는 것이다'라고 생각한 것입니다. 그리고는 날마다 하나님께 그 부족에게 보내달라고 기도를 하였다고 합니다.

우리의 기도와 이 사람의 기도가 얼마나 다른지 비교해 봅시다. 짐 엘리엇이 서 있는 곳과 우리가 서 있는 곳을 한번 비교해 봅시다.

그의 일기장에 이런 말이 써 있었습니다.

"하나님, 저를 어서 아우카 족에게 보내주소서. 아버지, 제 생명을 취하소서. 주의 뜻이라면 제 피를 취하소서. 주의 삼키는 불로 제 피를 태우소서. 제 것이 아니기에 아끼지 않겠습니다. 주님, 가지시옵소서. 다 가지시옵소서. 제 생명을 세상을 향한 희생으로 부으소서. 피는 주님의 제단 앞에 흐를 때만 가치가 있는 것입니다. 하나님, 마른 막대기 같은 제 삶에 불을 붙이사 주님을 위해 온전히 소멸하게 하소서. 나의 하나님, 제 삶은 주의 것이오니 다 태워주소서. 저는 오래 사는 것을 원치 않습니다. 다만 예수님처럼 꽉 찬 삶을 살기를 원합니다."

이런 기도를 했던 그는, 마침내 네 명의 친구들과 함께 조그마한 경비행기로 아우카 족이 살고 있는 곳을 정찰한 다음, 정글 옆에 모래톱이 있는 것을 발견하였습니다. 그는 '그곳에 비행기를 강제 착륙시키면 되겠다' 생각하고 만반의 준비 끝에 부인에게 작별 인사를 하였습니다. 그때 그 부인은 직감적으로 '남편이 다시는 돌아오지 못하겠구나' 하고 생각을 하였답니다. 두 살짜리 딸이 있었고, 뱃속에 한 명의 아이가 더 자라고 있었는데도, 남편은 아우카 족에게 복음을 전하기 위하여 떠났습니다.

그들은 모래톱에 비행기를 강제 착륙시킨 후, 다시는 비행기가 날 수 없게 되리라는 것을 알았습니다. 그들은 죽음을 불사하고 몇날 며칠을 아우카 족이 나타나기를 기다렸습니다. 그러던 어느 날 아침, 그들은 아우카 족에게 처참히 살해되고 말았습니다.

훗날 유복자로 태어난 아들이 선교사가 되시, 다시 선교 사역을 시작하였다고 합니다.

지금 여러분은 누구를 통해 자신을 비춰보고 있습니까? 큰 교회를 맡은 사람입니까? 많은 이들에게 이름이 오르내리는 어떤 사람입니까? 여러분이 누구를 모델로 삼느냐가 관건입니다. 가급적 십자가를 가까이하려고 몸부림치는 사람을 닮기 위해 노력하십시오. 그러면 내가 얼마나 변질되었는가를 발견하게 될 것입니다. 내가 얼마나 속물인가를 발견하게 될 것입니다. 그럴 때마다 정신 차리고 주님의 십자가를 바라보고 주님 앞으로 달려가야 합니다. 그렇게 해도 주님께 칭찬받을까 말까인데 그것마저도 포기해 버리고 되는 대로 생활한다면 나중에 주님 앞에 가서 무슨 면목으로 서겠습니까?

저는 소문난 교회의 목사가 된 것을 굉장한 불행으로 생각합니다. 저는 우리 교회가 그렇게 큰 교회가 되리라고는 생각해 본 적이 없습니다. 그저 제자훈련 착실히 해서, '한 사람이라도 주님이 원하는 삶을 살 수 있는 평신도를 만들겠다'는 꿈을 가지고 지금까지 25년을 걸어 왔는데, 하나님이 무엇 때문에 공간도 없는 교회에 자꾸 사람을 보내 주시는지 알 수가 없습니다.

저는 솔직히 싫습니다. 왜냐하면 사람이 많아질수록 한 영혼에 대한 가치가 자꾸 제 눈에서 사라져 버리기 때문입니다.

그리고 쓸데없는 칭찬을 많이 듣습니다. 저는 이런 것이 싫습니다.

주님께서 분명히 말씀하셨습니다. "세상에서 상 받은 사람은 하나님 나라에 오면 상이 없다"고 하셨습니다. 짐 엘리엇은 스물여덟에 세상을 떠났습니다. 스물여덟에 아우카 족 하나를 구원하려다가 세상을 떠난 이 사람이 주님 앞에 가서 받을 상하고 제가 받을 상하고 비교가 되질 않습니다.

저는 세상에서 너무 많은 것을 받았습니다. 이렇게 많이 받아서 나중에 주님 앞에 가면 벌거숭이가 될 확률이 큽니다. 그렇다고 제가 제 위치를 다 포기해버리고 어디로 도망가지도 못하지 않습니까? 그러므로 저에게 있어서 큰 교회는 너무너무 무거운 십자가입니다. 저를 변질시키기에 좋은, 너무나 좋지 않은 환경입니다. 때문에 저는 저보다도 앞서가는 사람, 저보다도 더 주님께 바싹 다가가는 형제·자매들을 볼 때마다 그분에 대해서 알고 싶어 하고, 그분의 모습을 보며 제 자신을 바로 세워가려는 버릇이 생겼습니다. 이는 나쁜 것이 아니라고 생각합니다. 우리가 나중에 주님 앞에 어떤 사람으로 서느냐가 중요한 것이지, 세상에서 사람들이 무어라고 하느냐가 중요한 것이 아닙니다.

이것을 믿습니까? 그렇다면 십자가의 영성을 회복합시다 이것이 교회 갱신의 지름길입니다. 여러분의 교회가 작아서 고생하게 되는 것을 가지고 그것을 마치 불행한 것처럼 생각하지 마십시오. 여러분이 목사이기 때문에, 동창들에 비해서 가난하다는 것을 가지고 부끄러워하지 마십시오. 여러분이 복음을 바로 전하려다 욕먹고, 사람들로부터 여러 번 배척을 당하는 일이 있어도 그것을 가지고 안타깝게 여기지 마십시오. 그것이 다 주님이 가신 길입니다.

오직 십자가의 길을 따라 주님을 본받으려고 하면, 그 다음에는 부활의 영광이 우리에게 찾아옵니다. 하나님이 은혜를 주실 때는 정말로 엄청나게 주실 때가 많습니다. 위로하실 때는 말로 못할 정도로 위로하십니다. 안 될 것 같은 일들이 잘 되는 일이 생깁니다. 그리스도 안에는 능치 못할 것이 없다는 말이 맞습니다. 하나님의 은혜만 임하면 얼마든지 가능합니다. 그러나 우리의 자세가 바로 될 때 은혜가 임하는 것입니다. 십자가를 지고 가시는 주님 뒤를 따라가려고 하는 순수한 마음을 가지고, 십자가의 영성을 계속 붙들고 있으면 거기에는 은혜의 샘이 솟게 되어 있습니다. 이와 같은 은혜가 여러분의 삶과 사역에서 날마다 이어질 수 있기를 바랍니다.

스데반의 죽음

교회갱신을 위한 목회자협의회 영성수련회(2003. 8. 18)

"저희가 이 말을 듣고 마음에 찔려 저를 향하여 이를 갈거늘 스데반이 성령이 충만하여 하늘을 우러러 주목하여 하나님의 영광과 및 예수께서 하나님 우편에 서신 것을 보고 말하되 보라 하늘이 열리고 인자가 하나님 우편에 서신 것을 보노라 한대 저희가 큰 소리를 지르며 귀를 막고 일심으로 그에게 달려들어 성 밖에 내치고 돌로 칠새 증인들이 옷을 벗어 사울이라 하는 청년의 발 앞에 두니라 저희가 돌로 스데반을 치니 스데반이 부르짖어 가로되 주 예수여 내 영혼을 받으시옵소서 하고 무릎을 꿇고 크게 불러 가로되 주여 이 죄를 저들에게 돌리지 마옵소서 이 말을 하고 자니라"(행 7:54~60),

교갱협을 시작할 때 우리는 몇 사람이 모여 "하나님의 뜻을 좀더 분명하게 이 시대에 구현하기 위해 깃발을 들어야겠다"라는 공감대를 가지고 시작을 하였습니다. 돌이켜보면 참 겁 없이 시작을 하였다는 생각이 듭니다. 교단을 갱신하고, 더 나아가서 한국 교회를 갱신하자고 할 때는 내가 깨끗해야 그런 소리를 할 수 있지 않습니까? 그런데 내 자신을 돌아보는 눈보다도 눈앞에 보여지는 여러 가지 답답하고 안타까운 상황들 때문에 가슴이 타서 일단 시작을 하였던 것입니다. 그러다 보니까 나중에는 남들에게 돌팔매질을 하기 전에 내 자신이 문제라는 것을 자주 느꼈고, 그것 때문에 하나님 앞에 회개도 많이 하였습니다.

또 막상 시작을 하고 보니까 금방 고쳐질 수 있을 것 같았던 이런저런 문제들은 정말 고치기가 어렵다는 것을 느꼈습니다. 그런 면에서 오늘날 가장 개혁되기 어려운 대상은 교회가 아닌가 생각합니다. 그리고 가장 개혁되기 어려운 사람들은 교회 지도자들이 아닌가 하는 절망적인 생각까지도 여러 번 하였습니다.

그럼에도 불구하고 지금까지 귀한 형제들이 변함없이 마음을 모으고 실망하지 않고 앞을 내다보며 달려갈 수 있게 해 주신 하나님께 감사를 드립니다. 모쪼록 교갱협이 한국 교회와 세계 교회를 위해, 좀더 크게 말하면 21세기를 위해 큰 사건을 일으킬 수 있는 굉장히 의미 있는 모임이 되기를 바랍니다.

이제, 본문 말씀을 통해 스데반을 주목하면서, 스데반을 통해서 성령께서 우리에게 가르쳐 주시고 경고하시는 말씀을 함께 나누었으면 합니다. 교회도 그렇고, 사회도 그렇고, 국가도 그렇고, 문제나 혹은 어떤 위기가 일어나면 그 문제와 위기가 역기능을 할 때도 많이 있지만 순기능을 할 때도 많이 있습니다. 문제가 일어나면 그 문제를 통해서 인물이 발굴된다는 것입니다. 위기를 만나면 사방이 캄캄해지는 안타까움도 체험하지만 그런 위기 속에서 위대한 지도자가 발굴될 때가 참으로 많습니다. 예루살렘교회가 그랬습니다.

사도행전에 보면 사도들이 가슴이 뜨거워서 복음을 전하다가 구제도 해야 하고, 가난한 사람도 도와야 하고, 뭐 이런 일 저런 일에 욕심을 부리다가 나중에는 어려움을 당하지 않습니까? 사람이 하는 일이고, 특히 돈을 가지고 무슨 일을 할 때는 반드시 잡음이 나게 되어 있습니다. 때문에 성령 충만한 사도들도 실수를 하였습니다. 그래서 교회가 어려워지자 다행히도 사도들이 대처를 잘 하였습니다.

우리가 잘 아는 대로, 사도들은 사람들로 하여금 전 교회의 동의를 얻어 일곱 집사를 선택하게 합니다. 그리고 그 사람들에게 사도들이 하던 일의 일부를 떼어서 봉사하게 하였습니다. 그 일은 재정을 가지고 헌금을 잘 관리해서 가난한 자를 돕고 또 선교에 사용하는 것이었습니다. 그래서 일곱 집사가 등장하게 되었는데, 그 가운데 스데반이 뽑힌 것입니다. 스데반은 교포 유대인이라고 할 수 있습니다. 어디서 살았던 사람인지는 모르지만 예루살렘에 와 있었고, 그곳에서 은혜를 받고 그리스도 안에서 헌신된 사람이 되었습니다. 일곱 집사의 이름 대부분이 헬라 문화권에서 사용되는 이름인 것을 보아서 그들 대부분이 교포, 혹은 이민갔다 온 유대인이었던 것 같습니다.

스데반은 '왕관'이라는 뜻으로 아름다운 이름입니다. 그래서 그런지 신약 교회가 등장한 이후에 가장 찬란하고 아름다운 왕관을 제일 먼저 쓴 사람이 되었습니다. 그의 이름과 걸맞는 인생을 산 것입니다.

그리고 스데반은 충만의 대명사라고 해도 과언이 아닙니다. 사도행전에 보면 그의 이름이 붙는 곳마다 '충만'이라는 단어가 따라다닙니다. 6장 5절에는 "믿음과 성령이 충만한 사람", 6장 8절에는 "은혜와 권능이 충만한 사람", 6장 10절에는 "지혜와 성령이 충만한 사람", 7장 55절에는 "성령이 충만한 사람"으로 기록되어 있습니다. 스데반은 모든 면에서 충만하였습니다. 믿음도, 지혜도, 권능도, 성령도, 능력도, 은혜도 충만했던 사람입니다.

　신약 교회의 역사를 돌이켜볼 때 스데반은 평신도 운동의 선구자라고도 말할 수 있습니다. 물론 그 당시에는 평신도라는 말이 통하지도 않는 시대였고, 또 평신도는 누구고 성직자는 누구고 하는 것을 구별할 만한 시대도 아니었습니다. 하지만 스데반은 사도가 아니었습니다. 일반 신자였습니다. 그는 일반 신자로서 집사의 일을 했지만, 집사의 사역을 하는 데만 그치지 않았습니다. 재정 관리나 하고 재정을 집행하는 일에만 시간을 보내고 있지 않았습니다. 성경을 보면 사도들과 맞먹는 사역을 펼칩니다. 다니면서 공중 앞에서 복음을 힘있게 전하고 큰 기사와 표적을 행하였습니다.

　이것을 보면 예수님을 믿는 모든 사람은 다 특별한 소명자라는 것을 인식하게 됩니다. 그 사람이 어떤 직책을 가지고 있든지 일단 예수 그리스도를 영접하고, 주님을 위해서 헌신하는 사람이라면 모두가 주님에게 드려진 종이며 **주님의 일꾼**인 것입니다.

스데반은 최초의 순교자입니다. 성경에서 예수님의 죽음을 제외하고, 한 사람의 죽음을 놓고 스데반처럼 상세하게 기록한 예가 없습니다. 그만큼 그의 죽음은 기독교 역사에 절대로 지워질 수 없는 영광스러운 죽음이었고, 세계 복음화를 위한 밀알이 되는 위대한 죽음이었습니다. 이렇게 스데반을 놓고 보면 이런 저런 생각을 해 볼만한 내용들이 많이 있습니다.

스데반의 간단한 일대기와 죽음은 저에게 한 가지 도전을 줍니다. '나도 잘 죽어야겠다'는 것입니다. 잘 죽었으면 좋겠다는 도전입니다. 스데반처럼 그렇게 영광스럽게 죽을 수는 없겠지만 잘 죽어야겠습니다. 왜냐하면 스데반이 구원 받은 것처럼 나도 구원 받았고, 스데반이 예수님을 위해서 살려고 하였던 것처럼 나도 그렇게 살려고 하고 있고, 스데반이 하나님의 사랑에 감동하였던 것처럼 나도 그 사랑에 감동한 사람이니까 '스데반이 죽은 것처럼 나도 잘 죽어야한다'는 생각을 스데반의 기사를 읽을 때마다 하게 되는 것입니다.

죽음이라는 것은 마음대로 선택할 수 있는 사안이 아닙니다. 그저 하나님이 불러 가실 때 부름 받는 것 뿐입니다. 그러나 내가 마음대로 선택할 수 없는 일이지만 잘 죽어야 되겠다는 소원을 가지고 하나님 앞에서 항상 살고, 그것을 기도의 제목으로 놓고 하나님 앞에 구하면, 천 년 만 년 죽지 않을 것처럼 사는 사람하고는 무엇인가 다르지 않겠습니까?

오늘날 한국 교회의 지도자들이 흐리멍덩한 이유는 죽음을 생각하지 않기 때문입니다. '어떻게 죽어야 할 것인가?' 하는 중요한 명제를 앞에 놓고 진지하게 옷깃을 여미는 겸손이 없기 때문에 오늘날 교역자들이 이렇게 영적으로 힘을 잃어버리는 것입니다.

예수님의 짧은 생은 항상 죽음을 전제로 해석하고, 죽음을 전제로 검토할 때만 이해할 수 있습니다. 예수님은 죽기 위해 오셨습니다. 그분은 항상 십자가의 죽음을 염두에 두고 사셨습니다. 그러므로 그 죽음을 놓고 모든 생각을 정리하셨으며, 그 죽음을 놓고 당신의 행동을 절제하셨으며, 그러므로 그 죽음 때문에 자신의 모든 삶의 패턴이 달라졌습니다. 예수님께는 어떻게 사느냐 보다 어떻게 죽느냐가 더 중요한 과제였습니다. 이것이 주님의 삶을 특징 짓는 중요한 요소입니다.

마찬가지로 어떻게 죽을 것인가를 진지하게 생각하며 사는 사람은 그 삶이 남다른 데가 있기 마련입니다. 더 경건할 수 있습니다. 더 진지할 수 있습니다. 더 쉽게 자기의 마음을 비울 수 있습니다. 더 헌신할 수 있습니다. 그러므로 어떻게 죽을 것인가의 질문은 어떻게 살 것인가의 질문과 동일합니다. '내가 어떻게 죽을 것인가?' 이것은 바로 '어떻게 살 것인가?' 하는 것에 대한 대답을 요구합니다.

마르쿠스 아우렐리우스는 "죽는 행위는 사는 행위의 일부이다"라는 말을 하였습니다. 삶과 죽음은 동전의 앞뒷면과 같습니다. 따라서 진지하게 살기를 원하는 사람은 진지하게 죽을 것을 생각하는 것입니다. 죽음은 사는 것만큼 자연스러운 것입니다. 더욱이 예수님을 믿는 하나님의 자녀들에게는 더 그렇습니다. 그리고 특별히 예수님을 위해서는 생명도 아끼지 않겠다고 큰소리 치면서 목사된 사람들에게는 더 말할 나위가 없습니다.

스데반의 죽음을 놓고 제가 도전 받고 본받았으면 하는 것이 네 가지가 있습니다. 이것을 함께 생각해 보았으면 합니다.

첫째로, 나도 예수를 위해서 일하다가 죽고 싶다는 것입니다.

일을 다 해 놓고 놀다가 죽고 싶은 것이 아닙니다. 일을 다 해 놓고 내 맘대로 푹 쉬다가 죽고 싶은 것이 아닙니다. 예수를 위해서 마지막 순간까지 일하다가 죽고 싶은 것입니다. 저는 스데반에게서 이런 도전을 받았습니다.

스데반은 교인이 만 명이 넘는 예루살렘교회의 기둥이었습니다. 가장 필요로 하는 유능한 인재였습니다. 그의 나이가 어느 정도였는지는 모르지만 3, 40대의 젊은이였다고 생각합니다. 그가 받은 은사와 능력으로 보아서 장래가 촉망되는 사람이었습니다. 한마디로 말해서 예루살렘교회를 위해서는 없어서는 안 될 사람이었습니다. 가장 전성기에 서 있는 그였지만 하나님은 그를 불러 가셨습니다. 하루아침에 일하다가 주님의 부름을 받은 것입니다.

이렇게 가장 필요한 사람, 꼭 있어야겠다고 생각되는 사람, 앞으로 전도가 양양한 사람을 하나님이 이렇게 갑자기 불러 가시는 것을 보면 우리 하나님은 참으로 놀라우신 분이십니다. 사람에게 의지해서 일하시는 분이 아니십니다. 하나님 마음대로 하시는 분이십니다. 우리는 저 사람은 꼭 있어야한다고 생각하지만 하나님은 그렇게 생각하지 않으실 때가 많습니다. 하나님은 주권적으로 일하십니다. 그래서 스데반을 불러 가셨습니다.

어떤 면에서는 얼마나 오래 살 것이냐는 것보다도 어떻게 하면 끝까지 일하다가 죽을 것이냐는 것이 더 진지한 질문입니다. 우리는 주를 위해서 우리의 가진 것을 다 드려도 우리가 받은 은혜의 몇 천만 분의 일도 보답을 할 수 없는 정말로 빚진 존재들입니다 그렇기 때문에 마지막 순간까지 있는 힘을 다해서 주를 위해서 살다가 가도 아무것도 안 하고 가는 사람처럼 느낄 수 있는 그런 존재들입니다.

웩(WEC) 선교회의 창시자인 C. T. 스터드 선교사는 다음과 같은 유명한 말을 하였습니다.

"예수 그리스도가 나의 하나님이고, 예수 그리스도가 나를 위해서 죽은 것이 사실이라면, 그분을 위해서 내가 드리는 희생이 아무리 대단한 것일지라도 그 희생을 크다고 말할 수는 없다."

우리가 주님을 통해서 받은 은혜가 진짜라고 한다면 그 은혜를 위해서 내가 드린 것을 가지고 "많이 드렸다", "많이 헌신했다"라고 절대로 말할 수 없다는 것입니다. 그래서 스터드는 그런 은혜에 감격해서 마지막 순간까지 정말로 은혜에 빚진 자답게 살다가 갔습니다. 자기의 가진 것을 완전히 주님께 드리고 갔습니다. 우리는 모두 그렇게 살다가 가야 합니다.

사도행전 20장 24절 말씀을 보면, 바울도 같은 심정으로 산 것을 알 수 있습니다.

> "나의 달려갈 길과 예수께 받은 사명 곧 하나님의 은혜의 복음 증거 하는 일을 마치려 함에는 나의 생명을 조금도 귀한 것으로 여기지 아니하노라."

이처럼 불타는 가슴을 안고 있는 사람이 바로 스데반처럼 일하다가 죽겠다는 사람입니다. 이런 가슴을 안고 사는 사람이 스데반의 발자취를 따라가는 사람입니다.

위대한 대각성 운동의 선구자였던 죠지 휫필드에게 하루는 어떤 사람이 찾아와서 이렇게 질문했다고 합니다. "목사님, 목사님은 나중에 세상 떠나실 때 어떤 간증을 하고 싶으십니까?"
그러자 휫필드는 정색을 하고는 "천만에요. 저는 임종 때 간증 안 합니다. 왜냐하면 저는 제가 살아 있을 때 날마다 그리스도의 증인으로 간증하며 살다가 죽지, 죽을 때 간증하려고 남겨 놓지 않을 것입니다."

이 말 속에는 휫필드의 정신이 담겨 있습니다. 끝까지 일하다가 죽지, 죽을 때를 준비하느라 할 말을 안 하고 마음에 담아 두지 않겠다는 말입니다. 그래서 그런지 그는 30여 년을 사역하면서 일주일에 40시간내지 60시간을 설교하고 가르쳤다고 합니다. 이것은 자살 행위입니다. 초자연적인 힘입니다. 그 당시는 요즘처럼 스피커가 있고, 마이크가 있어서 힘을 덜 들이고 많은 사람에게 설교할 수 있는 시대가 아니었습니다. 그는 3만 명을 앉혀 놓고 설교할 만큼 탁월한 성대를 가졌었다고 하지만 일주일에 그 많은 시간을 말씀을 전하는 데 썼다면 그것은 죽으려고 각오를 한 것입니다. 그래서 그는 복음을 전하는 데 소진된 삶을 살았고, 56세의 나이에도 토요일 늦게까지 피곤함을 무릅쓰고 설교하다가 하나님의 부르심을 받고 갔습니다.

그는 평소에 입버릇처럼 말하기를 "녹이 슬어 없어지기보다 닳아서 없어지는 것이 낫다. 나는 닳아서 없어지는 망치가 되지 녹슨 망치가 되고 싶지 않다"고 하였습니다. 휫필느의 말 한 마디 한 마디 속에 스데반처럼 주를 위해 일하다가 죽겠다는 강한 의지가 들어 있는 것을 봅니다. 그는 앞으로 80년, 90년 살 것을 계산하면서 건강관리하느라고 거드름을 피우는 그런 인생을 살지 않았습니다.

지난 주일에 우리 교회의 사역 장로님 두 분이 저에게 찾아 오셔서 한담을 나누는 시간이 있었습니다. 이런 저런 이야기를 하면서 "목사님, 앞으로 오래 사셔야 합니다. 요즘 통계를 보면 이제 우리도 90까지는 살 것 같습니다. 그러니까 요즘 환갑을 맞은 사람들이 앞으로 적어도 30년을 더 산다는 것을 전제로, 인생 설계를 해야 할 것 같습니다." 그래서 제가 농담으로 "당신들이나 90까지 사시오" 했는데 정말 그렇게 살지도 모릅니다.

그러나 요즘 늙은이들이 얼마나 천대를 받습니까? 앞으로는 아마 더할 것입니다. 저는 그렇게 살고 싶지 않습니다. 저희 어머니는 지금 88세이십니다. 새벽마다 교회에 가서 기도하십니다. 저는 60년이 넘도록 어머니의 기도 때문에 살고 있는지도 모릅니다. 그렇지만 어머니를 보면서 '난 저렇게 오래 살고 싶지 않다'고 생각합니다.

건강을 관리하는 것은 우리의 책임이지만, 오래 사는 것이 목적이 되어서 '건강, 건강' 하는 것만큼 추한 것이 없습니다. 우리는 그런 존재가 아닙니다. 우리는 주를 위해서 일하다가 죽을 존재이지, 수명 다할 때까지 살다가 죽기 싫어서 안달하는 그런 초라한 존재들이 아닙니다.

뱅겔이라는 유명한 주석가가 날마다 이런 기도를 했다고 합니다.

"주님, 저는 공장에서 일하던 직공이 집에서 누가 찾아 왔다는 소식을 듣고는 너무 반가워서 뛰쳐나가듯이 그렇게 죽고 싶습니다. 주님, 저에게 그런 은혜를 주시옵소서."

그랬는데 정말로 뱅겔은 평생 썼던 주석 원고를 다시 교정하고 정리하다가 하나님의 부르심을 받았습니다. 마지막까지 일하다가 간 사람입니다.

저는 지난 수개월 동안 짐 엘리엇 선교사를 통해 많은 은혜를 받았습니다. 짐 엘리엇은 친구 다섯 명과 함께 에콰도르의 살인 인디언인 아우카 족을 전도하기 위해서 들어갔다가 그들의 창에 찔려 28세에 세상을 떠난 순교자입니다. 엘리엇 아내의 뱃속에는 유복자가 있었습니다. 그럼에도 불구하고 1천 명도 제대로 안 되는 아우카 족에게 복음을 전하려고 들어가서 결국은 희생되었습니다. 그 희생의 대가로 오늘날 아우카 족이 복음화 되었습니다.

저는 그 엘리엇에 대한 책을 읽으면서 참으로 여러 가지 생각을 하였습니다. 그는 휘튼대하의 우등생이었고, 교내의 레슬링

챔피언이었고, 해외 선교회 회장이었고, 아마추어 시인이었으며, 학년 대표 회장이었습니다. 그러한 그가 졸업할 때 이런 기도를 하였습니다. 그의 일기장에 기록되어 있었던 내용입니다.

"예수님의 이름을 한번도 들어 보지 못한 이들에게 복음을 전할 기회를 주시기만을 바랍니다. 주여, 이 생에 그것 말고 귀한 일이 또 무엇이겠습니까? 그것보다 나은 일에 대해 저는 한 번도 들어보지 못하였습니다. 주여, 저를 보내 주옵소서. 주님은 당신의 사역자들을 불꽃으로 삼으신다고 말씀하시지 않았습니까? 주여, 제가 활활 타오르도록 성령의 기름을 흠뻑 적셔 주옵소서. 주여, 저를 주의 연료로 삼으시옵소서. 하나님의 불꽃이 되게 해 주시옵소서. 잠깐 살다가 불꽃처럼 사라져도 좋사오니 저를 사용하여 주시옵소서."

결국 그는 그의 기도대로 복음을 위해 소모품이 되었습니다. 그의 친구 다섯 명은 항상 서로 그렇게 이야기 하였습니다.

"우리는 소모품이다. 주님의 나라와 복음을 위해서 우리는 소모품으로 부름 받았으니 언제 죽어도 좋다."

이런 자세를 가지고 살았습니다. 왜 그들이 소모품이라는 용어를 썼는가 하면, 그 다섯 명 가운데는 파일럿도 있고, 군대에 갔다 온 사람도 있었는데, 제2차 세계대전 때 미국 군대에 가면 훈련병들에게 "너희들은 국가를 위한 소모품이다"라고 말했다고 합니다. 그 말을 하나님 나라의 군병 된 자기들에게 적용을 한 것입니다.

'우리는 소모품이다. 주님의 나라를 위해서는 얼마나 오래 사느냐가 문제가 아니라 주를 위하여 끝까지 일하다가 죽는 것, 이것이 더 중요하다.'

그들은 늘 이렇게 생각하면서 살았고 이렇게 생각하고 죽었습니다.

여러분은 어떤 생각을 가지고 목회 사역을 하고 있습니까? 여러분의 가슴에 하나님을 위한 불꽃이 타고 있습니까? "하나님, 언제 저를 부르셔도 좋사오니 저를 사용하시옵소서, 활활 타오르는 횃불처럼 사용하시옵소서" 하는 이런 자세가 있습니까? 떠벌리지 마십시오. 쇼하지 마십시오. 강단에서 은혜 받은 것처럼 쇼하지 말라는 말입니다. 가슴에는 다 엉뚱한 생각하고 있으면서 당장이라도 죽을 것처럼 그렇게 행동하지 말고 진실합시다. 정말 진실해야 합니다. 교회 갱신은 목회자들이 진실한 데서부터 시작하는 것입니다. 목사를 직업처럼 여기고 강단 위에서 쇼하지 맙시다.

둘째로, 나도 성령 충만해서 죽고 싶다는 것입니다.

성령 충만이 무엇입니까? 한 마디로 정의할 수는 없지만, 예수 그리스도가 성령을 통해서 나를 통제하는 것이 성령 충만입니다. 내가 성령 되신 하나님의 손에 붙들려 있는 것이 성령 충만입니다. 나에게 어떤 은사가 나타나느냐 안 나타나느냐는 부수적인 것입니다. 내 가슴이 뜨겁냐 뜨겁지 않느냐 하는 것도 부수적인 것입니다. 성령의 손에 붙들려서 성령께서 원하시는 대로 움직인다면 그것이 성령 충만한 사람입니다.

스데반은 성경에 유일하게 기록된, 죽을 때 성령 충만한 사람이었습니다. 물론 예수님도 충만했겠지요. 다른 사도들도 충만했겠지요. 그러나 성경에서 '죽을 때 성령 충만하였다'고 지적한 사람은 스데반이 유일합니다. 스데반은 죽음 앞에서도 성령이 충만했기 때문에 공포가 없었습니다. 돌이 날아 와도 공포가 없었습니다. 살기 위해 비겁하게 행동하지 않았습니다. 주를 위해서라면 기꺼이 생명을 주의 재단 위에 올려놓겠다는 일념만 가지고 있었습니다. 이것이 바로 성령 충만한 사람의 태도입니다.

고린도후서 5장 9절에서 바울이 고백한 것처럼, "우리는 거하든지 떠나든지 주를 기쁘시게 하는 자 되기를 힘쓰노라" 하면서 죽음 앞에 떳떳하게 맞설 수 있었던 사람이 바로 성령 충만한 스데반이었습니다. 정말 부러운 사람입니다.

우리가 죽을 때 성령 충만한 사람이 되기를 원한다면 살아 있을 때 성령 충만하기를 원하는 사람이 되어야 합니다. 살아 있을 때 성령 충만에 무관심하던 사람이 죽을 때 갑자기 성령 충만해지는 법은 없습니다. 내가 건강할 때, 내가 젊을 때, 내가 일할 때, 항상 성령 충만하기를 사모하고 성령에게 사로 잡혀 있다면 그 사람은 틀림없이 죽을 때도 성령 충만할 수 있습니다. 그러므로 내가 죽을 때 성령 충만하기를 원한다는 말은 내가 살아 있을 때도 성령의 손에 붙들리기를 원한다는 말과 똑같은 이야기입니다. 우리 모두 이런 사람이 되기를 원합니다.

저는 우리 교회 송 달 장로님을 늘 생각합니다. 우리나라에서 회계사로서는 다섯 손가락 안에 들어가는 탁월한 분이셨습니다. 그분이 우리 교회의 재정을 맡고 있었는데, 건강하였습니다. 그런데 갑자기 기침이 자꾸 나와서 병원에 가서 진단을 받았더니 폐암 3기라는 결과가 나왔습니다. 수술도 못하고 손을 쓸 방법이 없었습니다. 제가 미국에 있을 때 그 소식을 들었는데 눈앞이 캄캄해졌습니다.

"주님, 나이도 이제 50대 중반인데, 정말 사랑의교회를 위해서 꼭 필요한 지도자입니다. 좀 살려 주세요."

제가 그렇게 안타깝게 기도를 하면서 귀국을 하였습니다. 귀국을 하자마자 그분한테 먼저 전화를 걸었습니다. 그때 전화를 하는 제 마음이 얼마나 무거웠겠습니까? 장로님이 어떤 반응을 하실까? 전화기를 붙잡고 우실까? 어떻게 반응할까? 하고 좀 불안한 마음을 가지고 전화를 했는데, "목사님, 오셨군요. 아 반갑습니다" 하고 평소에 장로님을 만났을 때와 똑같이 껄껄껄껄 웃으면서 "목사님, 죄송해요, 염려 끼쳐서요. 폐암 3기래요. 수술도 안 된대요. 그저 하나님 앞에 맡겨야죠" 하면서 껄껄 웃는 것입니다.

저는 엄청 쇼크를 받았습니다. 평소에 그분이 성령 충만한 사람인 줄은 제가 잘 알고 있었습니다. 다락방 순장으로서 많은 순원들에게 감동을 주는 영적 지도자라는 것을 평소에 보아 왔거든요. 하지만 그렇더라도 보통 사람이면 60이 안 된 나이에 폐암 3기라면 얼굴이 노래가지고 말이나 제대로 하겠어요? 그래서 당장 병원으로 달려 갔습니다. 그랬더니 아니나 다를까 얼굴이 정말 스데반처럼 천사와 같았습니다. 환한 얼굴로 노상 감사하고 있는 것이었습니다.

그때 마침 대각성전도집회를 앞두고 있었는데, "목사님, 우리 기사가 여태까지 전도를 받아들이지 않아요. 저하고 10년이 넘도록 같이 차를 타고 다니면서 자주 전도를 했는데도 제가 삶의 모범을 보이지 못해서 그런지 우리 기사가 안 믿어요. 이번에 전도해야겠는데…." 이런 걱정을 하고 있는 것입니다. 그리고는 자기 병에 대한 이야기는 전혀 안 하는 것입니다. 결국 그 기사는 대각성전도집회 때 결신하고 예수를 믿었습니다.

나중에는 집에 와서 누워 계셔서 제가 몇 번 방문 하였는데 똑같았습니다. 바로 눕지도 못하고 엉거주춤하게 엎드려 호흡이 힘든데도 얼굴이 얼마나 밝은지요. 성령 충만하지 않고 어떻게 그럴 수 있겠습니까? 그러다가 결국에는 하나님이 데려가셨습니다. 아마 지금도 껄껄 웃고 있을 것입니다.

평신도가 이렇게 살다가 죽는 것을 보니까 제가 고민이 되었습니다. '나중에 내가 죽을 때 망신 당하지 말아야 할 텐데' 하고 말입니다. 그래서 저는 가끔 "주님, 제발 망신당하지 않고 죽게 해 주세요" 하고 기도합니다.

셋째로, 나도 주님의 영광을 보면서 죽고 싶다는 것입니다.

사도행전 7장 55절 말씀을 보면, 스데반은 죽음을 앞두고 주님의 영광을 본 것을 알 수 있습니다.

스데반이 죽었던 장소는 예수님이 재판을 받으셨던 산헤드린 공회, 바로 그 자리였습니다. 그 자리에서 예수님이 "인자가 권능자의 우편에 앉은 것과 하늘 구름을 타고 오는 것을 너희가 보리라"(막 14:62)고 하셨는데, 예수님이 말씀하시던 바로 그 자리에서 스데반이 "인자가 하나님 우편에 서신 것을 본다"고 소리쳤습니다. 그러니까 대제사장들이나 서기관들이 분을 못 참은 것입니다.

스데반은 하나님의 영광을 보았습니다. 그런데 하나님께서 저나 여러분에게나 마지막 순간에 영안을 열어서 주님의 영광을 볼 수 있도록 해 주실지 모르겠습니다. 우리가 죽음 앞에 있을 때 하나님 나라를 조금 들여다볼 수 있도록 커튼을 옆으로 밀쳐 주실는지 잘 모르겠습니다. 그러나 그렇게 해 주시든, 안 해 주시든 우리는 마지막에 주님의 영광을 볼 수 있었으면 좋겠습니다. 그래서 우리 모두가 얼마나 복 된 자이며, 얼마나 하나님의 사랑을 받고 주님 앞으로 부르심 받은 사람인가를 모든 주변 사람들이 간증할 수 있도록 우리를 사용하여 주셨으면 좋겠습니다. 욕심이죠? 그러나 이런 욕심은 가질 만하다고 봅니다.

넷째로, 나도 예수님을 닮은 죽음을 맞이하고 싶다는 것입니다.

스데반이 죽는 마지막 장면을 보면 어쩌면 그렇게 예수님을 닮았습니까? 예수님이 세상 떠나시면서 "아버지여, 내 영혼을 아버지 손에 부탁하나이다"(눅 23:26)라고 말씀하셨는데 스데반도 똑같이 "주 예수여, 내 영혼을 받으시옵소서"(행 7:59)라고 말하였고, 또 예수님이 십자가에 못 박히실 때 "아버지여 저희를 사하여 주옵소서 자기의 하는 것을 알지 못함이니이다"(눅 23:34)라고 말씀하셨는데, 스데반도 죽으면서 "주여, 이 죄를 저들에게 돌리지 마옵소서"(행 7:60)라고 말하였습니다. 어쩌면 그렇게 닮았습니까? 꼭 작은 예수를 보는 것 같습니다. 참

부럽다고 생각됩니다.

그뿐만이 아닙니다. 예수님이 십자가에 죽으심으로 많은 열매를 맺은 것처럼, 스데반도 썩는 밀알이 되어서 많은 열매를 맺었습니다. 그가 죽음으로써 바울이라고 하는 위대한 사도가 탄생하였고, 그가 순교의 피를 뿌림으로써 예수살렘교회가 온 사방으로 흩어져 주님의 복음을 전 세계에 전하게 되는 계기가 되었습니다. 그래서 어거스틴은 이런 말을 하였습니다.

"스데반이 죽으면서 저들의 죄를 용서해 달라고 기도를 하지 않았더라면 바울이라고 하는 탁월한 복음의 사도가 탄생하지 못했을 것이다."

옳은 말입니다. 스데반은 썩는 밀알이 되어 죽었습니다. 그랬기 때문에 그로부터 엄청난 열매가 맺혔습니다. 예수님을 닮은 죽음입니다.

저도 이처럼 마지막의 모습이 주님을 닮고 싶습니다. 참으로 큰 욕심인지는 모르지만 우리는 이런 욕심은 가질 필요가 있다고 생각합니다. 우리는 예수님의 동생들입니다. 우리는 예수님을 닮아 가는 작은 예수들입니다. 나중에 결국 주님 앞에 설 때는 예수님과 우리는 똑같은 모습으로 서로 쳐다보게 될 것입니다. 그러므로 우리가 살 때도 예수님의 모습을 보여 줘야 하겠지만 죽을 때도 예수님의 모습을 보여 주는 사람이 되기를 소망하는 것은 조금도 잘못된 것이 아닙니다. 조금도 지나친 것이 아닙니다.

제가 이렇게 스데반의 죽음을 놓고 몇 가지 소망하는 것들을 말씀드렸는데, 우리가 왜 스데반의 죽음을 놓고 이렇게 진지하게 죽음에 관한 이야기를 해야 합니까? 이 점을 다시 한번 깊이 생각해 봅시다. 왜 우리가 이런 어둡고 무거운 이야기를 해야 합니까? 정말로 꼭 필요한 도전을 스데반으로부터 받아야 하는 이유가 무엇입니까?

우리의 목회 현장을 한번 냉정하게 돌아볼 수 있기를 바랍니다. 목회가 무엇입니까? 목회는 "내 양을 치라"고 하신 주님의 명령에 따라 주님의 피로 값 주고 사신 양떼들을 책임지는 것입니다.

여러분! 한국 교회 목회가 지금 어떤 상황에 놓여 있다고 판단하십니까? 여러분은 저보다 나이가 젊기 때문에 더 예민할 줄 압니다. 만약에 저보다 예민하지 못하다면 여러분은 문제가 있는 사람입니다. 오늘날 우리가 처한 상황이 어떤 상황입니까? 스데반처럼 죽을 각오하고 목회를 하지 않으면 우리 자신이 주님 앞에 충성할 수 없는 상황이라는 것을 인정하십니까? 그저 자기만 건강하고, 기쁘게 살고, 평안하게 살고, 성공해서 명성 좀 얻는 그것으로 여러분이 한 생을 살겠다는 그런 사치스런 생각에 빠져 있다면 우리의 목회가 어느 길로 갈 것이라고 생각하십니까? 우리의 목회는 스데반처럼 생명을 걸지 않으면 전망이 보이지 않는 위기에 처해 있습니다.

21세기에 접어들면서 우리는 여러 가지 위기를 조금씩 조금씩 감지하고 있습니다. 한국을 봐도 지난 50년 동안 하나님께서 크게 쓰시던 종들이 서서히 다 뒤로 물러나고 있습니다. 제가 이름을 일일이 대지 않아도 알 것입니다. 그러나 그분들의 바통을 이어받을 만큼, 또 그분들보다도 더 탁월하게 쓰임 받을 수 있겠다고 기대되는 사람들이 눈에 잘 들어오질 않습니다.

미국은 더 심각합니다. 빌리 그레이엄이 물러났습니다. 빌 브라이트가 죽었습니다. 조지 부어가 은퇴를 합니다. 이 외의 여러 위대한 거인들이 서서히 뒤로 물러나는데 이들을 대신할 차세대 주자가 별로 눈에 보이질 않습니다. 교회는 이렇게 리더십의 위기를 맞고 있고, 교회마다 심각한 문제를 가지고 어려움을 당하고 있습니다.

지도자는 책상에서 만들어지는 것이 아닙니다. 지도자는 환경에서 만들어지는 것입니다. 진정한 지도자는 위기에서 만들어지는 것입니다. 지금 우리가 처한 상황은 위기입니다. 이 위기를 바로만 사용하면 전무후무한 지도자들이 배출될 수 있습니다. 하지만 이 위기를 감지하지 못하고 그저 적당히 목회하고 넘어간다면 한국 교회의 전망은 어둡습니다.

여러분, 제가 왜 위기라고 하는지 한 가지만 예로 들겠습니다. 모 교육개발원에서 부모들을 상대로 설문 조사를 하였습니다. 그 결과, "학교에서 학생들에게 도덕 교육과 윤리 교육을 시켜야 한다"고 대답한 사람이 100명 가운데 7명밖에 없었다고 합니다. 아이들에게 윤리 교육이나 도덕 교육이 필요하다고 생각하는 부모가 7% 밖에 안 되는 것입니다. 그러면 그 100명 가운데 기독교인이 몇 퍼센트나 될 것 같습니까? 우리가 흔히 계산하는 대로 한다면 아무리 안 되도 25명이고, 만약에 강남, 서초구를 예로 든다면 40명은 예수 믿는 사람이어야 하는데 7명밖에 안 된다고 합니다. 도덕에 관심이 없습니다.

이런 현상이 어디에서 오는지 잘 알고 있지 않습니까? 오늘날 사람들의 이슈, 그들의 관심은 도덕이 아닙니다. 가장 인기 없는 화두가 도덕입니다. 그런 것에는 관심이 없습니다. 선하고 악한 것은 큰 문제가 안 됩니다. 이것이 오늘날 우리가 목회해야 하는 현실입니다.

얼마 전 월화드라마로 폭발적인 반응을 불러 일으켰던 '옥탑방 고양이'를 아시죠? 그거 혼전 동거 이야기 아닙니까? 그런데 그 드라마가 폭발적인 인기를 끌었다는 것은 무슨 이야기입니까? 그만큼 관심이 많다는 것입니다. 그래서 그런지 연세대학교에서 조사한 내용을 보면 혼전동거에 대해서 긍정적으로 생각하는 사람이 20대에서 63%이고, 30대에서는 59%라고 합니다. 그러니까 10명 중에 6명은 얼마든지 그럴 수 있다고 생각하는 것입니다. 이것이 오늘날 우리가 목회하는 현실입니다. 거기에 또 기가 막힌 것은 옥탑방 고양이를 쓴 작가가 예수 믿는 집의 딸이라는 것입니다. 자기 아버지가 집사입니다. 그래서 혼전동거 하다가 얼마 전에 교회에서 결혼식을 하였습니다. 이것이 현실입니다.

21세기의 중요한 코드 중에 하나가 문화입니다. 한 사람이 드라마를 쓰고, 그것이 텔레비전에서 방영됨으로써 얼마나 무서운 영향력을 끼치는지, 금방이라도 모든 것이 뒤바뀔 것처럼 난리 아닙니까? 인터넷 메일에 포르노 스팸 메일이 얼마나 많이 들어오는지 아시죠? 하루에 2, 30통씩 들어올 때가 있습니다.

어느 5학년 여학생의 수기가 기억이 납니다. 남자 친구 집에 놀러 갔다가 남자 애가 "신기한 것 보여줄까?" 하면서 음란 사이트 포르노를 보여 주었다고 합니다. 그러니까 그 5학년 여학생이 얼마나 놀랬겠습니까? 깜짝 놀라 소리를 지르고 도망쳤는데, 그 애는 그때 받은 충격에서 아직도 벗어나지 못하고 있다고 합니다.

이런 세대가 주일학교에 있습니다. 우리가 어떡해야 할 것 같습니까? 우리는 선과 악을 구별하는 절대 권위가 없다는 것을 모든 사람이 자연스럽게 인정해 버리는 세대에 살고 있습니다. 내게 좋으면 선이고, 내게 나쁘면 악입니다. 남에게 내가 선하다는 것을 강요할 수 없다고 생각하는 것이 오늘날의 세대입니다. 너만 좋으면 되지 왜 나에게 강요하느냐? 부모가 좋으면 좋았지 왜 자식에게 강요하느냐? 이런 풍조가 만연된 세상에서 우리가 목회를 하고 있습니다. 지금 우리가 무엇을 합니까? 무엇을 할 수 있습니까? 우리가 그렇게 힘을 들여서 설교를 하지만 그 설교가 얼마나 영향을 끼친다고 생각하십니까? 이혼하는 사람에게 설교가 어떤 좋은 점을 가르쳐 준다고 생각하십니까? 사람을 바꿉니까?

GNP 2만 달러 시대를 이야기하는데, 2만 달러 시대가 되어 보십시오. 한국 교회도 프랑스나 영국 교회처럼 똑같은 전철을 밟을 것입니다. 그렇게 되었을 때 한국 교회가 지금처럼 이렇게 목회하고, 이렇게 흐리멍덩하게 모든 관심이 좋은 차 끌고 다니는 것, 좋은 사택에 사는 것, 사례비 많이 받는 것, 교인들 머리 수 자랑하는 것, 큰 교회 지어 으스대는 것에만 가 있다면 도대체 우리가 다른 점이 무엇입니까? 세상 사람하고 교회 다니는 사람하고 구별할 만한 것이 뭐가 있느냐 그 말입니다.

우리나라가 큰 부흥을 두 번 경험했는데 첫 번째는, 1910년부터 1930년대까지 일어난 부흥입니다. 그때 얼마나 부흥을 하였는지 불과 몇 천 명밖에 되지 않던 기독교인이 30만 명으로 늘었습니다. 그 당시 부흥의 화두는 회개였습니다. 사람들이 말씀을 듣고 회개하고, 변화되었습니다. 삶이 바뀌었습니다. 그래서 세상 사람들과 예수 믿는 사람이 어떤 점에서 다른가를 분명하게 보여 주는 부흥이 되었습니다.

두 번째는, 1950년대 후반부터 시작해서 1980년대 중반까지 일어난 부흥입니다. 불과 30만 명밖에 안 되던 기독교인이 갑자기 1천만 명이나 될 정도로 폭발적인 부흥을 하였습니다. 이때 부흥의 화두는 복이었습니다. 형통이었습니다.

그러니까 첫 번째 부흥기에 은혜 받은 사람들은 나라를 지키다 순교하여 장래를 위하여 썩은 밀알이 되었지만, 두 번째 부흥기에 은혜 받은 사람들은 교회를 더 세속화시키고, 타락시키는 데 앞장서게 된 것입니다.

19세기에 찰스 피니를 통해서 일어났던 부흥의 주제는 회개였습니다. 많은 사람들이 말씀을 듣고 죄에서 떠났습니다. 직업을 바꾸었습니다. 의로운 가난을 받아들였습니다. 그래서 그 때 은혜 받았던 사람들이 1930년대 미국에서 일어난 개혁 운동의 주체가 되었습니다. 그들은 개혁 운동의 주체가 되어 노예 제도 폐지에 앞장섰습니다. 금주 운동에 앞장섰습니다. 그리고 백인과 흑인의 화해 운동에도 앞장섰습니다. 여성의 인권을 위해서도 투쟁하였습니다. 그래서 오늘날 미국 사회의 기초를 닦았습니다.

그러나 오늘날 한국 교회의 부흥이 이 사회에 긍정적으로 끼치는 영향은 무엇입니까? 정치계, 경제계, 교육계, 문화계 모든 곳을 다 보아도 믿는 사람은 많은 것 같은데 무슨 영향을 끼치고 있습니까? 없지 않습니까? 오늘날 이런 상황을 놓고 우리는 목회자가 되어 있습니다. 어떻게 해야 되겠습니까?

우리는 스데반처럼 다시 한번 마음가짐을 바로 가져야 합니다. '주를 위해서 생명 바쳐 일하다가 죽겠다. 나에게 내일이란 없다. 이 어려운 위기 상황에서 내 생명을 주의 재단 위에 올려놓겠다. 그래서 이 시대에 하나님의 나라가 이 땅에 이루어지도록 나의 한번밖에 없는 삶을 던져보겠다'는 이런 필사의 각오가 필요합니다.

그래서 그 일을 위해서 성령 충만한 자 되기를 사모하고, 그 일을 위해서 내가 예수님처럼 살고 싶고, 예수님처럼 죽고 싶다고 하는 열망을 가지고 주님 앞에 우리의 삶을 드리면 역사의 암흑기에 일어났던 놀라운 기적이 오늘 이 시대에도 일어날 수 있으리라고 믿습니다.

바로 이 일을 위하여 우리가 모였습니다. 이 자리에 모인 수

백 명이 정말로 스데반처럼 영적으로 무장하고 나선다면, 정말 스데반처럼 죽음을 두려워하지 않고 이 시대를 위하여 하나님의 나라에 타오르는 불꽃이 되기를 소망한다면, 하나님이 우리를 사용하실 줄 믿습니다. 우리를 통해서 한국 교회를 다시 일으키실 줄 믿습니다. 갱신시켜 주실 줄 믿습니다. 하나님의 역사가 다시 시작되는 새로운 장이 열릴 줄 믿습니다. 이를 위해 우리 모두가 주님께 쓰임 받는 은혜가 임하기를 바랍니다.